초판 인쇄 | 2011년 10월 1일
초판 발행 | 2011년 10월 5일

감수 | 星野恵子
저자 | 星野恵子·辻和子
발행인 | 김태웅
책임편집 | 이주영
편집 | 김해영
표지 디자인 | 안성민
내지 디자인 | 차경숙
마케팅 | 조도현, 정상석, 서재욱, 장영임,
　　　　김귀찬, 왕성석, 김철영
제작 | 현대순

발행처 | 동양북스
등록 | 제 10-806호(1993년 4월 3일)
주소 | 서울시 마포구 서교동 463-16호 (121-842)
전화 | (02)337-1737
팩스 | (02)334-6624
웹사이트 | http://www.dongyangbooks.com
　　　　　http://www.dongyangtv.com

The Preparatory Course for the Japanese Language
Proficiency Test : DRILL & DRILL Series
Copyright : 2011 by Hoshino Keiko+Tsuji Kazuko
The original edition was published by UNICOM Inc. in Japan.

ISBN 978-89-8300-842-8 14730
　　　978-89-8300-841-1 14730 (세트)

▶ 본 책은 저작권법에 의해 보호를 받는 저작물이므로 무단 전재와 복제를 금합니다.

목차 Contents

일러두기	4

[본책] 문제

문장의 문법 1	7
문장의 문법 2	69
글의 문법	87

[별책] 정답·해설

문장의 문법 1	3
문장의 문법 2	44
글의 문법	67

일러두기

★ 이 책의 구성

- 문제(본책)
  〈문장의 문법1〉 300문제 : 10문제 x 30회
  〈문장의 문법2〉 75문제 : 5문제 x 15회
  〈글의 문법〉 50문제 : 1문제(소문 5문) x 10회
- 정답·해설 (별책)

★ 이 책의 특징과 사용법

① 문제수가 많다.

새로운「일본어능력시험」을 보시게 될 여러분이 N1의 문법을 마스터할 수 있도록 연습문제를 많이 넣었습니다. N1의 문법항목이 전부 들어가 있는 것은 물론이며, 다른 문제에서도 하나의 문법항목이 2번이고 3번이고 나옵니다. 합격으로의 지름길은, 무엇보다도 문제를 많이 풀어보는 것입니다. 이 책 한 권을 공부함으로써 합격을 이룰 수 있습니다.

② 회마다 조금씩 진도를 나갈 수 있다.

조금씩 공부해 나갈 수 있도록, 3개의 문제가 각각 10회~30회로 나눠져 있습니다. 어디에서 시작해도 괜찮습니다만, 1회마다, 페이지 오른쪽 상단의 득점란에 점수를 기입하여 현재의 실력을 측정해 보세요. 모든 회가 끝나면, 제1회로 돌아가, 다시 도전해 봅시다. 전에 틀린 문제는, 두 번 다시 틀리지 않는다는 것이 중요합니다.

③ 친절하게 해설이 되어 있다.

별책에 정답과 문제의 해설(힌트와 푸는 방법)이 있습니다. 공부를 그다지 좋아하지 않는 사람은, 정답을 체크하고, 틀린 문제만 그 해설을 읽어보면 좋을 것입니다. 공부를 좋아하는 사람은, 정답을 맞춘 문제라도 답에 자신이 없는 문제는 반드시 해설부분을 충분히 잘 읽어주세요. 해설을 읽음으로써 실력은 크게 향상될 것입니다.

④ **어려운 설명에는 번역이 있다.**
별책에는, 어려운 일본어 설명에 한국어 번역이 있으므로, 해설이 읽기 쉽게, 알기 쉽도록 되어 있습니다.

★ N1「문법」공부 포인트

〈문장의 문법 1〉

빈칸 안에 들어갈 적당한 단어를 선택지에서 선택하여 넣습니다. 빈칸에 들어가는 단어는, N1레벨의 일본어 학습자에게 꼭 필요한 기능어류(표현문형)가 중심이 됩니다만, 어떠한 것도 일상에서 자주 사용되는 중요한 표현이므로,「문법」분야뿐만 아니라「독해」「청해」의 실력을 향상시키기 위해서도, 확실히 공부해 주시기 바랍니다.

〈문장의 문법 2〉

문장을 올바르게 짜맞추는 새로운 형식의 문제입니다. 이 문제에서 언급되는 포인트 또한 역시 기능어의 표현문형이 중심이 됩니다. 그러나 기능어의 의미와 사용방법의 지식만으로는 이 문제의 정답을 맞출 수 없습니다. 지금까지 공부해온 문법의 규칙 전부를 열쇠로 삼아 문장을 짜맞추는 연습이 필요합니다. 익숙해지지 않으면 어렵다고 느낄 수도 있습니다만, 퍼즐을 맞추는 것과 같은 즐거움도 있습니다. 연습문제를 많이 풀어가는 과정에 꼭 이 문제를 좋아하게 될 것입니다.

〈글의 문법〉

정리된 문장 안에 빈칸이 있습니다. 문장의 흐름을 이해한 상태에서 의미상 적합하고, 문법적으로 적절한 단어를 선택하는 문제입니다. 빈칸에 들어가는 것은 조사, 접속사, 기능어류, 문말표현 등의 문법적인 것 외에, 의미상으로 생각했을 때 문맥에 맞을 것 같은 어구와 문도 있습니다.

이 문제를 풀 때는, 먼저 문제전체의 의미를 파악하고 문장의 흐름과 진행방법을 이해해야 합니다. 다음으로 세세한 부분을 주목하여 문장과 문장의 관계를 생각하면서 빈칸에 들어갈 단어를 선택지에서 고릅니다. 이러한 과정이 짧은 시간 내에 이루어져야 하기에 간단하지는 않습니다. 그러므로 연습문제로 충분히 트레이닝할 필요가 있습니다. 이는, 독해연습도 함께 할 수 있는 좋은 공부가 될 것입니다.

文章の文法 1

〈문장의 문법1〉에는 한 회 10문제 씩, 전부 30회(300문)의 문제가 있습니다. 실제 일본어능력시험에도 〈문장의 문법1〉은 10문제가 있으므로, 여기서는 30회분의 문제가 들어있는 것입니다.

한 회의 10문제 중, 7~8문제의 정답을 맞출 수 있으면 거의 합격입니다. 처음에는 성적이 좋지 않아도, 문제를 푸는 회를 진행해 가면서 점점 정답을 맞추는 것을 늘려가며, 마지막에 합격라인에 다다를 수 있도록 노력합시다.

제1회
문장의 문법 1

次の文の（　　）に入れるのに最もよいものを、1・2・3・4から一つ選びなさい。

1　こちらの窓口では、製品に関する重要なお知らせを（　　）いただいております。
1　ご案内　　　　　　　　2　ご案内いたして
3　ご案内して　　　　　　4　ご案内させて

2　いくら良いマンションだと勧められても、家賃が月30万円もするのでは我々の（　　）庶民に借りられるはずがない。
1　ごとく　　　2　ごとき　　　3　ごとし　　　4　ごとに

3　私がしたミスのために会社に損失を与えてしまった以上、責任を（　　）だろう。
1　取らずにはすまない
2　取らせずにはおかない
3　取られずにはいられない
4　取らないでもない

4　大学で数学を専攻している兄（　　）、私は数字に弱く、計算もまともにできない。
1　もさることながら　　　　2　はおろか
3　にひきかえ　　　　　　　4　にもまして

5　君一人が反対意見を（　　）、会社の決定が変わるわけがないよ。
1　言ったところを
2　言ったところで
3　言ったからには
4　言ったとあって

6　災害に見舞われた地域の、一日も早い復興を願って（　　　）。
　　1　おえない　　　　　　2　すまない
　　3　やまない　　　　　　4　たまらない

7　この店が存続できるかどうかは、今期の売上額（　　　）だ。
　　1　がてら　　2　限り　　3　ばかり　　4　いかん

8　机の上の理論より、実際の状況に（　　　）解決法を探るべきだ。
　　1　即した　　2　対した　　3　先立つ　　4　足る

9　パーティーでは、最高級のご馳走が並び、まさに贅沢の（　　　）だった。
　　1　至り　　2　極み　　3　最高　　4　限り

10　彼は自分の夢を実現（　　　）、家族を犠牲にした。
　　1　させることとて
　　2　させんがために
　　3　させればこそ
　　4　させたが最後

제2회
문장의 문법 1

次の文の（　　）に入れるのに最もよいものを、1・2・3・4から一つ選びなさい。

11 親友の君の頼み（　　）、断るわけにはいかないね。
   1 であれ　　　　　　　2 とあっては
   3 とあいまって　　　　4 とあって

12 部屋が寒いなら、暖房を（　　）、厚着を（　　）しないと、風邪を引くよ。
   1 つけたら／したら
   2 つけるといい／するといい
   3 つけるべく／するべく
   4 つけるなり／するなり

13 普段は親に反抗してばかりいても、一度一人暮らしをすれば、親のありがたさに（　　）。
   1 気付こうというものだ
   2 気付けばそれまでだ
   3 気付いてもさしつかえない
   4 気付くにこしたことはない

14 日本にいる間に一度歌舞伎を見に行きたいと思っていたが、結局（　　）。
   1 行かずにはおかなかった
   2 行かずじまいだった
   3 行かないではすまなかった
   4 行くにはあたらなかった

15 桜並木のそばには、「枝を折る（　　）」と書かれた立て看板が並んでいる。
   1 しまつだ　　2 べからず　　3 まじき　　4 や否や

16 この1か月間、残業(ざんぎょう)（　　）残業で、彼は家族と顔を合わせる時がほとんどなかった。
　　1　にして　　　2　にしろ　　　3　に次ぐ　　　4　にわたる

17 このようなすばらしい賞をいただき、俳優として光栄の（　　）です。
　　1　以上　　　　2　至り　　　　3　高み　　　　4　限り

18 数学が得意な彼（　　）解けない問題なのだから、計算さえ苦手な私にできるはずがない。
　　1　にかけても　2　にあって　　3　にしては　　4　にして

19 申請書には本人（　　）代理人の署名が必要です。
　　1　はおろか　　2　ばかりに　　3　ないし　　　4　にもまして

20 人の物をだまって持ってきてはいけないことぐらい、子ども（　　）知っている。
　　1　までも　　　2　ですら　　　3　たりとも　　4　ながら

제3회
문장의 문법 1

次の文の（　　）に入れるのに最もよいものを、1・2・3・4から一つ選びなさい。

21 なにぶん田舎の（　　）、大した料理もございませんが、どうぞ召し上がってください。
1　ことには　　2　こととて　　3　ことか　　4　ことなら

22 M氏は作家（　　）画家、そして俳優としても活躍するマルチタレントだ。
1　にして　　2　であれ　　3　となって　　4　もすれ

23 今年は姉の出産、弟の就職、そして私の結婚と、我が家にとってめでたいこと（　　）の一年だった。
1　まみれ　　2　ずくめ　　3　ぐるみ　　4　かぎり

24 インターネットの進化はとどまるところを（　　）。
1　おいてない　　2　知らない　　3　得ない　　4　見ない

25 豪華客船で世界一周の旅に出るなんて、うらやましい（　　）。
1　ずくめだ　　2　かぎりだ　　3　ほどだ　　4　だけだ

26 台風の接近が幸いして、（　　）。
1　この地方の水不足が解消した
2　川があふれて洪水になった
3　住民は避難を始めた
4　風雨はそれほど激しくなかった

27 俳優のKはモデル出身だけあって、顔（　　　）、スタイル（　　　）、立っているだけで絵になる。
1　やら／やら
2　として／として
3　といい／といい
4　とも／とも

28 うちの息子は大学に（　　　）、毎日遊んでばかりいる。困ったものだ。
1　合格したところで
2　合格したところを
3　合格してからというもの
4　合格してからでないと

29 被災した人々には、ただ物質面（　　　）、精神面の援助も必要だ。
1　を通して　　2　を問わず　　3　のみならず　　4　ともなしに

30 円高のせいで、日本の物価は外国人にとって以前（　　　）高く感じられる。
1　にもまして　　2　にかぎらず　　3　にして　　4　にとって

제4회
문장의 문법 1

次の文の（　　）に入れるのに最もよいものを、1・2・3・4から一つ選びなさい。

31 こうして宮中に招かれて天皇陛下にお目にかかれたことは、光栄（　　）です。
　　1　のうえ　　　2　の至り　　　3　の誇り　　　4　の限り

32 今日の試合を（　　）、彼女は選手生活から引退することになった。
　　1　皮切りに　　2　限りに　　　3　おいて　　　4　よそに

33 決してあきらめることなく病気と闘う彼女の姿は、周囲の人の心を（　　）。
　　1　動かさずにはすまなかった
　　2　動かさずにはおかなかった
　　3　動かさざるをえなかった
　　4　動かすまでもなかった

34 親切すぎるのは、迷惑以外の（　　）でもない。
　　1　何より　　　2　何でも　　　3　何もの　　　4　何ごと

35 こんなにひどい吹雪では、登山を（　　）続けられない。
　　1　続けるはおろか
　　2　続けようにも
　　3　続けながらも
　　4　続けるとはいえ

36 女優（　　）、常に周囲から注目されていることを忘れてはならない。
　　1　ならでは　　2　からには　　3　たりとも　　4　たる者

37 彼には仕事をやる気があるとは思えない。遅刻をする、書類は忘れる、その上、会議中に居眠りをして社長に怒鳴られる（　　　）。

1　あげくだ　　2　しまつだ　　3　ものだ　　4　までだ

38 プロポーズのために高い指輪を買っても、相手が受け取ってくれなければ（　　　）。

1　そのはずだ　　　　　2　それだけだ
3　それからだ　　　　　4　それまでだ

39 親の心配を知ってか（　　　）、彼女は無茶なことばかりしている。

1　知るか　　2　知らずか　　3　いるか　　4　ないか

40 この会社に入社すると、いやおうなしに英語の研修を（　　　）。

1　受けさせてもらえる
2　受けることができる
3　受けさせられる
4　受けさせてくれる

제5회
문장의 문법 1

次の文の（　　）に入れるのに最もよいものを、1・2・3・4から一つ選びなさい。

41 現代の日本人は、生活の豊かさ（　　）、物を大切にしない傾向がある。
　　1　とあって　　2　こととて　　3　ゆえに　　4　こそ

42 子供（　　）、やっていいことと悪いことの区別ぐらいつくはずだ。
　　1　としたところで　　　　2　ではあるまいし
　　3　ではないまでも　　　　4　にはあたらないし

43 尊敬する教授にお会いして、著書にサインまでいただけるとは、感激の（　　）だ。
　　1　上　　　　2　ごとき　　　3　極み　　　　4　限り

44 息子は、勉強も（　　）毎日暗くなるまでサッカーの練習をやっている。
　　1　そっちのけで　　　　　2　もかまわず
　　3　に反して　　　　　　　4　にもかかわらず

45 このラジオ番組の司会者は、毎週千通（　　）リクエストのはがきの全部に目を通すそうだ。
　　1　からして　　2　からある　　3　からには　　4　からいうと

46 彼は我が校（　　）秀才で、成績はいつもトップだ。
　　1　きっての　　　　　　2　ならではの
　　3　とっての　　　　　　4　もっての

47 彼女はいつも（　　）のやさしい笑顔で私たちを迎えてくれた。
　　1　ばかり　　2　ながら　　3　ほど　　　4　まま

48 彼は、どんなに辛くても決して弱音を（　　　）強い心をもっている。
1　吐かずにはすまない
2　吐きようもない
3　吐いたりしない
4　吐かないこともない

49 地震のニュースが流れる（　　　）、被災地の家族や知人と連絡をとる電話が殺到して、電話がかかりにくくなった。
1　そばから　　2　とはいえ　　3　が最後　　4　や否や

50 昨日まで父はとても元気でした。（　　　）、今朝急に具合が悪くなったんです。
1　それが　　2　それに　　3　それから　　4　それなら

제6회
문장의 문법 1

次の文の（　　）に入れるのに最もよいものを、1・2・3・4から一つ選びなさい。

51　最近の映画には、映画館に足を運んで鑑賞する（　　）ものがないと父は嘆く。
　　1　とする　　　2　にたえる　　3　にたえない　　4　としない

52　このレストランの料理は、おいしいのはもちろんのこと、盛り付けも美しくて、芸術的（　　）。
　　1　というところだ
　　2　といったらない
　　3　ですらある
　　4　極まりない

53　けんちゃん、これ、おいしいから食べて（　　）。
　　1　ごらん　　　　　　　2　あげて
　　3　もらいなさい　　　　4　いただいて

54　商品の送料は（　　）が負担いたします。
　　1　同社　　　2　御社　　　3　弊社　　　4　わが社

55　彼はとても冷静なのだが、人からは消極的に見られる（　　）。
　　1　きらいがある　　　　2　までもない
　　3　を禁じえない　　　　4　にかたくない

56　山田さんは、判断力（　　）、行動力（　　）、リーダーにふさわしい人物だ。
　　1　であれ／であれ
　　2　としても／としても
　　3　なり／なり
　　4　といい／といい

57 私たちが多少（　　　）地域の皆様のお役に立てば、幸いに思います。
　1　いえども　　2　なりとも　　3　たりとも　　4　ながらに

58 この報告書は、長年にわたる入念な調査（　　　）書かれたものである。
　1　をふまえて　　　　　2　から見ると
　3　をもって　　　　　　4　にあって

59 副社長は社長に（　　　）地位の高い役職である。
　1　次で　　2　次なる　　3　次いで　　4　次の

60 毎日300万人（　　　）人が新宿駅を利用するという。
　1　からの　　2　さえある　　3　まである　　4　ほどある

제7회
문장의 문법 1

次の文の（　　）に入れるのに最もよいものを、1・2・3・4から一つ選びなさい。

61 「ごめんね」と言うつもりだった。でも、彼が帰ってしまったので（　　）しまった。

1　言いのがして　　　　　　2　言いそびれて
3　言いはずして　　　　　　4　言いそれて

62 貧困（　　）、たくましく生きる子供達の姿を追ったドキュメンタリー映画が公開される。

1　をものともせずに　　　　2　に限らず
3　のきわみに　　　　　　　4　に至って

63 ここまで騒ぎが大きくなってしまっては、責任者のあなたがこの問題について（　　）すまされないでしょう。

1　知らず知らずのうちに
2　知らなくては
3　「知らない」と言って
4　「知らない」では

64 特に用事があったわけではなく、ひまだったから来てみた（　　）。

1　までのことです　　　　　2　かぎりです
3　ばかりです　　　　　　　4　ほどのことです

65 幼稚園の庭から子ども達のいかにも（　　）声が聞こえてきた。

1　楽しんでいる　　　　　　2　楽しげな
3　楽しまんとする　　　　　4　楽しそう

66 「絶対に10キロやせる」と宣言した手前、ダイエットを（　　　）。
1　成功させることができた
2　成功させるのは難しい
3　成功させないわけにはいかない
4　成功させることができるだろうか

67 出席者の意見はまだ出尽くしていない。今後も議論を続ける（　　　）。
1　にはあたらない　　　　2　余地がある
3　にはおよばない　　　　4　に向ける

68 英語の勉強を（　　　）、大好きなビートルズの歌の歌詞を覚えた。
1　もとに　　　2　かねて　　　3　もって　　　4　あいまって

69 私は人の名前を覚えるのが苦手で、聞いた（　　　）忘れてしまう。
1　や否や　　　2　といえども　　　3　そばから　　　4　が最後

70 スタッフ全員の協力（　　　）この大事業を成功させることは難しい。
1　なしに　　　2　ないで　　　3　ぬきに　　　4　をよそに

제8회
문장의 문법 1

次の文の（　　）に入れるのに最もよいものを、1・2・3・4から一つ選びなさい。

[71] 彼らの優れた能力を（　　）しても、このプロジェクトを実現させることは難しいだろう。

1　とって　　　2　もって　　　3　おいて　　　4　あって

[72] 失敗するかもしれないけれど、だめでもともとだ。（　　）。

1　やらないにこしたことはない
2　やろうか、どうしようか
3　やってみよう
4　やらざるをえない

[73] 新しい機能付きの便利な携帯電話も、電池がきれてしまえば（　　）。

1　それかぎりだ　　　　　2　それほどだ
3　それまでだ　　　　　　4　それまでもない

[74] 地震後1か月たった今も、人々はテントでの生活を（　　）。

1　余儀なくされている
2　おいてほかにない
3　問わない
4　禁じえない

[75] 子どもたちにクラシック音楽を聞かせたいという演奏家の熱意がこの町の人の文化活動を楽しむ気持ちと（　　）、「森の音楽会」は大成功を収めた。

1　あれば　　2　相まって　　3　いえども　　4　きたら

날짜	/	/	/
득점	/10	/10	/10

76 うちの会社の重役たちは、視察に（　　　）、海外によく出かけて行く。
1 いいかげんに　　　　2 いいわけして
3 かっこをつけて　　　4 かこつけて

77 この不況の中、デパートなどの小売業の経営がいかに厳しいかは想像（　　　）。
1 にかたくない　　　　2 に至る
3 にあたらない　　　　4 の余地はない

78 駅を中心（　　　）半径500メートルの地域では、土地の価格がどんどん上がっている。
1 になる　　2 となる　　3 にある　　4 とする

79 私と彼女とは小学校から大学までずっと同じ学校で同じクラスだった。これはもう運命（　　　）。
1 というものでもない
2 といったらない
3 というところだ
4 としか言いようがない

80 先生、お見舞い（　　　）、帰国のごあいさつに参りました。
1 をもって　　2 とあれば　　3 のついでに　　4 かたがた

제9회
문장의 문법 1

次の文の（　　）に入れるのに最もよいものを、1・2・3・4から一つ選びなさい。

81 このすばらしい記録はオリンピック選手（　　）はじめて出せるものだ。
　　1　ときたら　　　2　ですら　　　3　にして　　　4　あっての

82 台風が接近しているというのに、海へ行こうなんて危険（　　）。
　　1　極まりない　　2　相違ない　　3　まみれだ　　4　きりがない

83 あの店（　　）、値段ばかり高くてさっぱりおいしくないし、サービスも最悪だ。
　　1　とはいえ　　　　　　2　ときたら
　　3　については　　　　　4　としたところで

84 いくら忙しくても、メールを送る（　　）、電話をする（　　）、連絡できたでしょう？
　　1　につけ／につけ　　　2　とも／とも
　　3　なり／なり　　　　　4　といい／といい

85 就職するか、進学するか、（　　）自分の将来のことだから、よく考えなさい。
　　1　どちらかというと
　　2　どちらにしても
　　3　どちらともなく
　　4　どちらかといえば

86 昨夜黒（　　）の強盗がコンビニを襲った。店員は無事だった。
　　1　だらけ　　　2　ばかり　　　3　ずくめ　　　4　まみれ

87 医者から許可がおりたので、これからは（　　）酒が飲める。

1　恐れながら　　　　　　2　心おきなく

3　心ならずも　　　　　　4　心なしか

88 次々に世界記録を塗り替えるA選手の活躍は、人々を感嘆（　　　）。

1　させないではおかない

2　させないではすまない

3　させるにはおよばない

4　させるにはあたらない

89 今さら謝ったところで、彼女が（　　）とは思えない。

1　ゆるそうとしない

2　ゆるしつつある

3　ゆるしてくれる

4　ゆるせない

90 暦の上では秋（　　）、まだまだ暑い日が続いている。

1　とはいえ　　2　になく　　3　くせして　　4　にしても

제10회
문장의 문법 1

次の文の（　　）に入れるのに最もよいものを、1・2・3・4から一つ選びなさい。

91 最近仕事があまりに忙しくて、日曜日（　　）休めない。
1　だけ　　　　2　なり　　　　3　たる　　　　4　すら

92 このチャンネルでは、今夜の「スーパーマン」を（　　）、毎週海外のアニメ映画が放送される。
1　皮切りに　　2　もって　　　3　限りに　　　4　おいて

93 どんな仕事（　　）、責任を持ってやることが大切だ。
1　とあって　　2　であれ　　　3　ですら　　　4　とあれば

94 今回の勝利は、A選手の活躍（　　）達成はできなかっただろう。
1　なしとは　　　　　　　　　2　ないでは
3　なくても　　　　　　　　　4　なしに

95 サッカーは、11人の選手（　　）2つのチームが闘うスポーツである。
1　から成る　　　　　　　　　2　をもって
3　による　　　　　　　　　　4　をたよりに

96 結婚して以来、彼女の料理の腕前は（　　）上達している。
1　目に見えるだけ
2　目で見える限り
3　目で見たところ
4　目に見えて

97　一人暮らしでは、食事がともすると不規則に（　　　）。
　　1　ならないようにしよう
　　2　なりがちだ
　　3　ならないこともない
　　4　なることもある

98　彼女は子育て（　　　）、自宅で料理教室を開いている。
　　1　にあたって　　　　　2　がてら
　　3　かたがた　　　　　　4　のかたわら

99　新製品の広告が出る（　　　）、テレビ局に多数の問い合わせが寄せられた。
　　1　や否や　　2　とたん　　3　とあれば　　4　ばかりで

100　この教室には、「授業中、私語をする（　　　）」と書いた紙が貼ってある。
　　1　べきではない　　　　2　べからず
　　3　わけにはいかない　　4　わけがない

제11회
문장의 문법 1

次の文の（　　）に入れるのに最もよいものを、1・2・3・4から一つ選びなさい。

101 人が（　　）が集まるまいが、公園でのコンサートは予定通り行われる。
1　集まる　　　　　　　　2　集まらない
3　集まった　　　　　　　4　集まろう

102 人間の人格は、持って生まれた資質と育まれたものとが（　　）形成される。
1　ともに　　　　　　　　2　相まって
3　かたわらで　　　　　　4　ともなって

103 世界には貧しさ（　　）、子どもを他人に売り渡す親がいるという。
1　ゆえに　　　　　　　　2　だけに
3　だけあって　　　　　　4　ばかりに

104 こんなに難しい曲が弾けるのは彼女（　　）他にいない。
1　はおろか　　　　　　　2　をおいて
3　もさることながら　　　4　とあいまって

105 なんとか勝ったものの、決勝戦は、（　　）逆転されて負けたかもしれないような接戦だった。
1　下手ばかりなら　　　　2　下手があれば
3　下手になれば　　　　　4　下手をすると

106 地震の後、避難所で生活する人々を（　　）、多くのボランティアが集まってきた。
1　助けんがために　　　　2　助けんばかりに
3　助けかたがた　　　　　4　助けることとて

107 この料理はただ肉を焼けばいいだけだから、わざわざ作り方を習う（　　　）。
1　どころではない　　　2　にはあたらない
3　までもない　　　　4　にかたくない

108 天気予報では午後には天気が回復するということだったが、夜になっても雨は（　　　）止みそうもない。
1　一律に　　2　一斉に　　3　一気に　　4　一向に

109 政府は国民のきびしい批判（　　　）、税金の値上げを決行した。
1　をものともせずに　　2　はいざしらず
3　いかんによらず　　　4　いかんで

110 明日の試合は、どのチームが優勝するか、とうてい（　　　）。
1　予測できないこともない
2　予測できない
3　予測は難しい
4　予測しかねる

제12회
문장의 문법 1

次の文の（　　）に入れるのに最もよいものを、1・2・3・4から一つ選びなさい。

111　彼からプロポーズされた時のうれしさ（　　）。
　　1　といったらなかった
　　2　といってもよかった
　　3　というしだいだった
　　4　というまでもなかった

112　卒業する学生諸君、君達の今後の活躍を（　　）。
　　1　願ってすまない
　　2　願わずにはおかない
　　3　願ってやまない
　　4　願うにかたくない

113　正直に話していれば許した（　　）、言いわけばかりしていて、許せない。
　　1　ことを　　2　ところを　　3　ものを　　4　ものの

114　倒産した自分の会社をどうにかして（　　）と、彼は資金の調達に駆け回っている。
　　1　再建できるか
　　2　再建したい
　　3　再建できようか
　　4　再建しようがある

115　この絵に描かれている空の色は彼（　　）の色だ。
　　1　とあって　　2　ならでは　　3　とあれば　　4　ながらも

116　S市では、2年後のオリンピック開催（　　　）、準備が急ピッチで進められている。

1　に面して　　　　　　　2　を見つめて
3　に向けて　　　　　　　4　をねらって

117　夫婦は（　　　）、お互いに協力し合って生きていくものだ。

1　持ちつ持たれつ
2　持つか持たれるか
3　持つなり持たれるなり
4　持っても持たれず

118　努力する（　　　）成功した人はいない。

1　といえども　　　　　　2　ことなしに
3　ことには　　　　　　　4　としたところで

119　会議では、景気回復に向けてわが社（　　　）対策を発表する予定だ。

1　かぎりに　　2　をはじめ　　3　にして　　4　なりの

120　大企業も不振に苦しんでいる。中小企業（　　　）、どこも厳しい経営を迫られている

1　はなおさらのこと
2　にもまして
3　はともかく
4　もさることながら

제13회
문장의 문법 1

次の文の（　　）に入れるのに最もよいものを、1・2・3・4から一つ選びなさい。

121 自分の命を犠牲にしてまで多くの人を救ったあの男が英雄（　　）。
1　といったらない
2　といってやまない
3　でないものでもない
4　でなくてなんだろう

122 あんなに幸せそうだった2人が離婚するに（　　）経緯を私は知りたい。
1　かけて　　　2　わたる　　　3　至った　　　4　おいての

123 老人はどこを見る（　　）、ぼんやりと病室の外を眺めている。
1　ともなく　　　　　　　2　にたえなく
3　べく　　　　　　　　　4　をとわず

124 この欄には本人の印もしくは（　　）。
1　押す必要はありません
2　押さなければなりません
3　サインが必要です
4　サインではだめです

125 彼ほどの有名人（　　）、街で気軽に買い物をすることもできないようだ。
1　にしたって　　　　　　2　については
3　ともなると　　　　　　4　といえども

126　優勝できたこと（　　　）、仲間の応援が本当にうれしかった。
　　1　にひきかえ　　　　　2　にもまして
　　3　をもって　　　　　　4　とはいえ

127　新しい仕事にも慣れ、最近は、忙しい（　　　）充実した毎日を送っています。
　　1　にもまして　　　　　2　ものを
　　3　ながらも　　　　　　4　ところを

128　離婚が成立して、さっぱりした表情の妻（　　　）、夫のほうは、がっくりと肩を落としている。
　　1　をよそに　　　　　　2　をものともせず
　　3　にもまして　　　　　4　にひきかえ

129　彼は湖の周囲40キロを（　　　）、見事優勝した。
　　1　走りに走って　　　　2　走り、走り
　　3　走るに走り　　　　　4　走って走り

130　そんなことぐらいだれでもわかっている。今さら言う（　　　）ことだ。
　　1　どころではない　　　2　にはあたらない
　　3　までもない　　　　　4　までだ

제14회
문장의 문법 1

次の文の（　　）に入れるのに最もよいものを、1・2・3・4から一つ選びなさい。

131　台風の影響で電車が止まったら、しかたがない。歩いて帰る（　　）。
　　1　までのことだ　　　　　2　までもない
　　3　ことはない　　　　　　4　ばかりだ

132　9月に入ってようやく涼しくなったかと（　　）、まだ30度を超す日が続いている。
　　1　思うものの　　　　　　2　思いながら
　　3　思いきや　　　　　　　4　思いつつ

133　忙しかった（　　）電話の一本ぐらいかけられたはずだ。
　　1　とはいえ　　2　ところを　　3　ながらも　　4　こととて

134　ベッドの下に本を置いたままにしておいたら、ほこり（　　）になっていた。
　　1　まみれ　　2　ずくめ　　3　がてら　　4　がち

135　この歌手は歌唱力（かしょうりょく）（　　）、話も面白いので、テレビ番組の人気者である。
　　1　いかんによらず
　　2　もさることながら
　　3　をものともせずに
　　4　はいざしらず

136　この地方では四季それぞれの景色が楽しめますが、なんと（　　）紅葉の頃が最高です。
　　1　いえば　　2　しても　　3　いっても　　4　なれば

137 （　　）あの方のお父様は高名な学者ということですよ。

1　なんとか　　2　なんでも　　3　どうやら　　4　どうでも

138 就職の報告（　　）、久しぶりに祖父母の顔を見に行った。

1　ながら　　　　　　2　のかたわら
3　かたがた　　　　　4　の一方で

139 この映画は本当におもしろくて、一瞬（　　）画面から目が離せなかった。

1　ならでは　　　　　2　たりとも
3　なくしては　　　　4　ともなく

140 仮に絵の才能がある（　　）、画家として成功する保証はない。

1　といえば　　　　　2　と思いきや
3　というのは　　　　4　としたところで

제15회
문장의 문법 1

次の文の（　　　）に入れるのに最もよいものを、1・2・3・4から一つ選びなさい。

141 その政治家は国会で（　　　）ことを言って非難された。
1　言わずにはすまない
2　言うきらいがある
3　言うべからざる
4　言うにはあたらない

142 この作曲家の作品は、国内（　　　）、海外においても高く評価されている。
1　としたところで　　　　2　といえども
3　とはいえ　　　　　　　4　のみならず

143 うちの主人（　　　）、休みの日は朝から飲んでばかりいる。
1　ときたら　　2　にしたら　　3　といったら　　4　としては

144 これは、会議で議題として取り上げるに（　　　）問題とはいえない。
1　かかわる　　2　至る　　3　足る　　4　における

145 少子化が農村の過疎化に拍車を（　　　）。
1　かけている　　　　　　2　つけている
3　おいている　　　　　　4　あげている

146 公園の隣に新しい喫茶店ができたので、図書館へ本を（　　　）見に行った。
1　返しながら　　　　　　2　返すかたわら
3　返すにしたがって　　　4　返しがてら

147 彼女は先生に叱られて、(　　　)顔で下を向いていた。
1　泣くがごとき
2　泣かんがための
3　泣かんばかりの
4　泣くとばかりの

148 ごく当然のことをしたまでですから、(　　　)。
1　感謝していただくこともありません
2　感謝されないものでもありません
3　感謝されずにはおきません
4　感謝されないといったらありません

149 このかばんは、内側の小さいポケットに、小銭入れ、鍵(　　　)小物が入れられるので、使いやすいですよ。
1　ような　　2　という　　3　といった　　4　なんか

150 この本は難解だが、辞書を引きながら読めば留学生でも読めない(　　　)。
1　ではいられない
2　ではすまない
3　にこしたことはない
4　ものでもない

제16회
문장의 문법 1

次の文の（　）に入れるのに最もよいものを、1・2・3・4から一つ選びなさい。

151　親友のため（　　）、私は喜んで手を貸すつもりだ。
　　1　ながらも　　2　ならでは　　3　とすれば　　4　とあれば

152　そのネコは、食卓に飛び上がる（　　）、魚をくわえて逃げて行った。
　　1　そばから　　2　とあれば　　3　なりに　　4　が早いか

153　何事も努力（　　）、成功はない。
　　1　するべく　　2　なくして　　3　にかぎらず　　4　どおりに

154　教師が学校内で未成年の学生に飲酒をすすめるという（　　）ことが行われていた。
　　1　許すまじき　　　　　　2　許さずにはおかない
　　3　許すまい　　　　　　　4　許さないでもない

155　その若者が老人に対してとった失礼（　　）態度を見て、一言注意をせずにはいられなかった。
　　1　に至る　　　　　　　　2　を禁じえない
　　3　極まりない　　　　　　4　を余儀なくされる

156　彼女は、もう私には会いたくない（　　）「さよなら」と冷たく言った。
　　1　とばかりに　　　　　　2　というものの
　　3　といっても　　　　　　4　ともなると

157　その男は警官の姿を見る（　　）、逃げ出した。
　　1　とたんに　　2　そばから　　3　なり　　4　ところで

158 前日に準備しておけばいい（　　　）、妹はいつも出かける直前になってあわてる。

1　ものなら　　2　ものを　　3　ものの　　4　ものだから

159 A社の製品はデザインのよさ（　　　）、使いやすさという点でも高く評価されている。

1　とあって　　　　　　2　もさることながら
3　にひきかえ　　　　　4　といえども

160 事故でけがをなさった方の回復を心よりお祈り（　　　）。

1　申します　　　　　　2　申し上げます
3　申されます　　　　　4　申しております

제17회
문장의 문법 1

次の文の（　　）に入れるのに最もよいものを、1・2・3・4から一つ選びなさい。

161　集団で1人の生徒をいじめることは、許す（　　）行為である。
　　　1　までもない　　2　ゆえの　　　3　のみならず　　4　まじき

162　この村の人たちは、貧しい（　　）平和な日々を送っている。
　　　1　ものだから　　　　　　　2　にしては
　　　3　からといって　　　　　　4　ながらも

163　商品の詳しいご案内はカタログに書いて（　　）。
　　　1　ございます　　　　　　　2　ご覧になれます
　　　3　いらっしゃいます　　　　4　なさいます

164　おもしろいものがあるんですよ。今（　　）。
　　　1　拝見させましょう
　　　2　お見せいただきましょう
　　　3　お目にかかりましょう
　　　4　ご覧に入れましょう

165　町の住民に愛されてきた映画館が閉鎖（へいさ）されることになり、寂しい（　　）。
　　　1　かぎりだ　　　　　　　　2　しまつだ
　　　3　を禁じえない　　　　　　4　というところだ

166　首相（　　）者、冗談を言うにも十分な注意が必要だ。
　　　1　のごとき　　2　とする　　3　たる　　4　における

167　記者たちは電話を切るが（　　）、カメラをもって部屋を飛び出して行った。
　　　1　否か　　　　2　最後　　　3　早いか　　　4　ごとく

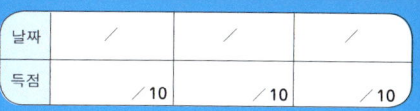

168 どんなに嘆き、悲しんだ（　　　）、死んだ人が帰ってくるわけではない。

1　ところが　　2　ところに　　3　ところを　　4　ところで

169 あなたはこの会社の最高責任者なのだから、この問題について（　　　）のですよ。

1　知らないではおかない

2　知らないでもない

3　知らないではすまない

4　知らないではいられない

170 当社では、幅広いニーズに（　　　）、さまざまなサービスを提供している。

1　こたえがてら

2　こたえるべく

3　こたえるともなると

4　こたえるとばかりに

제18회
문장의 문법 1

次の文の（　　）に入れるのに最もよいものを、1・2・3・4から一つ選びなさい。

171 生徒を差別するとは、教師（　　）行為だ。
1　べからざる　　　　　2　に足る
3　にあたらない　　　　4　にあるまじき

172 あの人、新入社員にしてはよく仕事が（　　）。
1　できないじゃないか
2　できないだろうか
3　できるだろうか
4　できるじゃないか

173 お疲れ（　　）お呼び立てして申し訳ありませんでした。
1　とはいえ　　　　　2　ながらも
3　つつも　　　　　　4　のところを

174 お礼（　　）。当然のことをしたまでですから。
1　にはおよびません
2　とは思いません
3　には至りません
4　とはかぎりません

175 いい悪いは（　　）、これは今までにない新しいアイデアですね。
1　別にして　　　　　2　他にして
3　無しにして　　　　4　異にして

날짜	/	/	/
득점	/10	/10	/10

176 毎日こんなに降ると、(　　　)とも限らない。

　　1　水不足にならない
　　2　洪水（こうずい）が起きる
　　3　水不足になる
　　4　洪水にならない

177 この骨董品（こっとうひん）の皿は売り物ではないが、条件によっては(　　　)。

　　1　売らないものでもない
　　2　売らずにはおかない
　　3　売るまでもない
　　4　売るにはあたらない

178 会社の非常時に(　　　)、社長はどうしてあんなにのんびり構（かま）えていられるのだろう。

　　1　とって　　2　あって　　3　よって　　4　つれて

179 世界の国々がもっと相互理解を深めることで平和が実現できるという(　　　)私は考えるのですが。

　　1　ふうに　　2　ことに　　3　ものと　　4　のと

180 雨上がりの山道で転んで、どろ(　　　)になってしまった。

　　1　まみれ　　2　づけ　　3　つき　　4　ずくめ

43

제19회
문장의 문법 1

次の文の（　　）に入れるのに最もよいものを、1・2・3・4から一つ選びなさい。

181 もう冬なのに台風が来る（　　）、驚きだ。
1　といえども　　　　　2　とは
3　ときたら　　　　　　4　といえば

182 この地方に伝えられている昔話には、謎（なぞ）（　　）物語が数多くある。
1　ごとき　　2　だに　　3　たる　　4　めいた

183 A氏の代表作といえば、この作品（　　）ほかにない。
1　にそくして　　　　　2　のみならず
3　であれ　　　　　　　4　をおいて

184 なんでもいいですから、とにかくあなたが（　　）なりに話してください。
1　見る　　2　見て　　3　見た　　4　見ない

185 どんな仕事を与えられても、ベストを（　　）という気持ちが大切だ。
1　つくさざる　　　　　2　つくすべく
3　つくさねば　　　　　4　つくさんがため

186 今回の成績は、私（　　）精一杯努力した結果だった。
1　どおりに　　2　ながらに　　3　なりに　　4　しだいに

187 （　　）雑誌をめくっていたら、私の出身高校の記事が載っていた。
1　見ながらに　　　　　2　見がてら
3　見るべく　　　　　　4　見るともなしに

188 家事を全部しろとは（　　　）、せめて食事の後片づけの手伝いくらいはしてほしい。
1　言えども　　　　　　　2　言ったものの
3　言わないまでも　　　　4　言わないほどで

189 「今度はいつこちらに（　　　）になりますか」「来月の初めに参る予定です」
1　うかがいに　　　　　　2　いらっしゃる
3　おいで　　　　　　　　4　おまいりに

190 X選手とY選手の2人は（　　　）で走っていたが、ゴール寸前でY選手がスピードを上げて、そのままゴールした。
1　抜きつ抜かれつ
2　抜いたか抜かないか
3　抜こうが抜くまいが
4　抜こうと抜くまいと

제20회
문장의 문법 1

次の文の（　　）に入れるのに最もよいものを、1・2・3・4から一つ選びなさい。

191 自分は関係がないと（　　）ばかりに、彼女は横を向いた。
1　言わず　　　2　言いて　　　3　言わん　　　4　言わぬ

192 散歩（　　）、最近近くに引っ越してきた妹のアパートを訪ねてみた。
1　ながらに　　2　がてら　　3　のかたわら　4　のごとく

193 大企業が相次いで倒産するという事実に、驚きを（　　）。
1　余儀なくされた
2　問わない
3　禁じ得ない
4　せずにいられない

194 新人の（　　）ご迷惑をおかけすることも多いかと思いますが、どうかよろしくご指導をお願い申し上げます。
1　ことから　　2　ことに　　3　こととて　　4　ことには

195 結婚式前日の気持ちは、うれしい（　　）、さびしい（　　）、なんとも説明しがたい複雑なものだった。
1　なり／なり
2　であれ／であれ
3　というか／というか
4　とか／とか

196 大学入学以来10年暮らしたこの町は、大学時代の思い出（　　）、私の「心のふるさと」となった。
1　と相まって　2　とあって　　3　とあろうと　4　とあれば

197 彼の小説についての批判（　　）記事が雑誌に載っていた。
　1　まじき　　　　　　　　2　ならではの
　3　なりの　　　　　　　　4　めいた

198 彼女、さっきから（　　）だけど、何がそんなに面白いんだろう。
　1　笑ったまま　　　　　　2　笑いつつある
　3　笑いっぱなし　　　　　4　笑いかけ

199 骨折したために、今は歩くこと（　　）、立つこともできない。
　1　はおろか　　2　をよそに　　3　にもまして　　4　と相まって

200 彼は特に優秀ということもなくて、まあまあ人並み（　　）。
　1　ばかりだ　　　　　　　2　といわんばかりだ
　3　までだ　　　　　　　　4　というところだ

제21회
문장의 문법 1

次の文の（　　）に入れるのに最もよいものを、1・2・3・4から一つ選びなさい。

201 「これ（　　）、もう酒はやめる」と何度言ったことか。でも、やっぱりやめられない。
1　で限り　　2　の限りに　　3　に限って　　4　を限りに

202 たとえ未成年（　　）、罪を犯したのなら、厳しく罰するべきだ。
1　といい　　2　であれ　　3　はおろか　　4　ですら

203 その城の窓（　　）窓には美しい装飾が施されている。
1　といった　　2　やら　　3　という　　4　だの

204 店員の態度はその店の評判（　　）とあって、アルバイト店員にも接客の研修をする店が増えている。
1　をかざる　　　　　　2　にかかわる
3　をかける　　　　　　4　にかかる

205 国の景気対策は実情（　　）ものでなければならない。
1　に即した　　2　なりの　　3　に至る　　4　しだいの

206 高速道路を作った（　　）、この島の美しい自然は二度と元には戻らないだろう。
1　そばから　　2　ところで　　3　が最後　　4　が早いか

207 賞品の発送（　　）、当選者の発表に代えさせていただきます。
1　に向けて　　2　をもって　　3　にひきかえ　　4　をおいて

208 弱者を無視した法案を国会に提出した政党に対し、私達は怒り（　　　）。

1　にたえない　　　　　　2　を余儀なくされた

3　といったらない　　　　4　を禁じ得ない

209 一度（　　　）、二度、三度と同じミスを繰り返すなんてひどい。

1　ならなんとか　　　　　2　ならまだしも

3　ましでも　　　　　　　4　にもまして

210 彼は汚職（　　　）の事件に巻き込まれ、退職せざるをえなくなった。

1　がらみ　　2　ふくみ　　3　ぐるみ　　4　よしみ

제 22 회
문장의 문법 1

次の文の（　　）に入れるのに最もよいものを、1・2・3・4から一つ選びなさい。

211　あの人がそんなばかなことを言うはずがない。よもや（　　）。
　　1　本気ではあるまい
　　2　想像にかたくない
　　3　信じかねることだ
　　4　予想できなくもない

212　飛行機が墜落した現場は、見る（　　）ひどい状況だった。
　　1　にはあたらない　　　　　2　にたえない
　　3　にたりない　　　　　　　4　にかたくない

213　（　　）暮らしが一向に良くならないという気の毒な人たちが増えている。
　　1　働けど働けど
　　2　働くのに働くのに
　　3　働くとも働くとも
　　4　働きながら働きながら

214　3連休の最終日（　　）、東京方面へ向かう高速道路は大渋滞となっている。
　　1　をもって　　2　とあって　　3　こととて　　4　とて

215　お休みの（　　）を申し訳ありませんが、少しお尋ねしたいことがありまして…。
　　1　なか　　　2　さい　　　3　ところ　　　4　うえ

216　そのとき彼女が自殺まで考えていた（　　）、思いもよらなかった。
　　1　なんか　　　2　とは　　　3　くせして　　　4　とはいえ

217 ころころと変わる国の政策は、国民に不信感を与え（　　）だろう。
1　なくてはすまない
2　ないではおかない
3　てすむことではない
4　てやまない

218 「お客さまはもう（　　）か」「いいえ、まだいらっしゃいません」
1　見えました
2　お見えしました
3　お目にかかりました
4　お目にかかられた

219 試験の受験者は、450人から460人（　　）です。
1　というもの　　　　　2　といったところ
3　といったこと　　　　4　といったわけ

220 この虫に刺されると、毒のために呼吸困難になる（　　）ある。
1　さえ　　　2　ことこそ　　　3　ことすら　　　4　だに

제23회
문장의 문법 1

次の文の（　　）に入れるのに最もよいものを、1・2・3・4から一つ選びなさい。

221 日中は乗降客の少ない郊外の駅も、朝のラッシュ時（　　）、ホームは人であふれかえる。
1　としては　　　　　　2　ともなると
3　とすれば　　　　　　4　にしては

222 A市の市長選挙は、ひとりA市の市民（　　）、全国民に注目されている。
1　はおろか　　　　　　2　のみならず
3　をよそに　　　　　　4　にかかわらず

223 「社長は今、（　　）か」「いいえ、主人はあいにく出かけております」
1　在宅でいらっしゃいます
2　ご在宅でしょう
3　在宅していらっしゃいます
4　ご在宅していらっしゃいます

224 T国政府の対応（　　）、国交の断絶もやむをえないのではないか。
1　に即して　　　　　　2　にひきかえ
3　いかんによっては　　4　もさることながら

225 最近の若者は権利を主張するばかりで、義務を怠る（　　）。
1　かぎりである　　　　2　きらいがある
3　だけである　　　　　4　までである

226 私と彼は同じ年の同じ時間に生まれ、遠く離れたこの町でめぐり合った。これが運命（　　）。
1　といったところだ
2　といったらありはしない
3　でないものでもない
4　でなくてなんだろう

227 この機械はずいぶん古い型のものだが、今でも十分実用（　　）。
1　にかかわる　　　　2　にたえる
3　極まる　　　　　　4　からある

228 レポートがうまくまとまらない。（　　）消し、（　　）消しで、一向に進まない。
1　書くと／書くと
2　書いたら／書いたら
3　書けば／書けば
4　書いては／書いては

229 どんなに苦しくてもがんばれるのは、家族の支えがあれば（　　）です。
1　ゆえ　　2　こそ　　3　すら　　4　さえ

230 週末にはゆっくり休める（　　）、休日出勤しなければならなくなってしまった。
1　そばから　　　　　2　にしたって
3　すえに　　　　　　4　と思いきや

제 24 회
문장의 문법 1

次の文の（　　）に入れるのに最もよいものを、1・2・3・4から一つ選びなさい。

231 夫の仕事が成功（　　）、私は彼を支え続けるつもりです。
1　しようにも
2　しようとしまいと
3　するとしたところで
4　するといえども

232 そのことなら、私ども皆よく（　　）ので、ご心配には及びません。
1　ご存じです
2　存じております
3　存じいたしております
4　ご存知でいらっしゃいます

233 ここまで問題が大きくなった以上は、社長自らが事情を説明し、謝罪せず（　　）。
1　にはおかないだろう
2　にはあたらないだろう
3　にはすまないだろう
4　にすんだだろう

234 この店は、食前酒からデザート（　　）、すべて一流の味を楽しませてくれる。
1　に足るまで　　2　に及ぶまで　　3　によるまで　　4　に至るまで

235 うわあ、すごい。(　　)、数え切れないよ。
1　あると、あると
2　あるは、あるは
3　多いの、少ないのって
4　多いし、多いし

236 たまには我が家のほうにも（　　）。
1　お越しください
2　お見えください
3　お訪ねしてください
4　お渡りになってください

237 地元住民の反対を（　　）、自治体はごみ処理場の建設を開始した。
1　かぎりに　　2　もとに　　3　さかいに　　4　よそに

238 二酸化炭素の削減は、世界各国の協力（　　）実現できない。
1　ならでは　　　　　　2　といえども
3　なくしては　　　　　4　ゆえに

239 世界でトップの銀行が倒産するなんて、誰も想像（　　）しなかった。
1　こそ　　2　ほど　　3　しか　　4　だに

240 もうすぐ試験だというのに、息子は勉強もそっちのけで（　　）。
1　遊んでばかりいる
2　遊ぶしかしない
3　遊んでだけいる
4　遊ぶばかりだ

제25회
문장의 문법 1

次の文の（　　）に入れるのに最もよいものを、1・2・3・4から一つ選びなさい。

241　経営者は、会社が社員（　　）のものであることを忘れてはならない。
　　1　にあたって　　2　あって　　3　とあって　　4　にあって

242　たとえ大きくリードしていたとしても、試合終了の合図があるまでは、一秒（　　）油断はできない。
　　1　ながらも　　　　　　2　たりとも
　　3　にもまして　　　　　4　はおろか

243　旅先でその土地（　　）郷土料理を食べるのは楽しいことだ。
　　1　あっての　　　　　　2　ならいざしらず
　　3　からこその　　　　　4　ならではの

244　息子は、就職（　　）アルバイトもせず、毎日遊んで暮らしている。
　　1　はおろか　　　　　　2　はともかく
　　3　にもまして　　　　　4　をよそに

245　先生は（　　）ようですから、また後日あらためて参りましょう。
　　1　お忙しくておられる
　　2　お忙しくございます
　　3　お忙しくてされる
　　4　お忙しくていらっしゃる

246　2月の北海道は、寒い（　　）。冷凍人間になりそうだ。
　　1　のなんのって　　　　2　とか寒くないとか
　　3　にもほどがある　　　4　の極(きわ)みだ

247 彼は希望の大学に入学したものの、校則違反をしたために退学（　　　）。
1　を禁じ得なかった
2　を余儀なくされた
3　せずにはおかなかった
4　をものともしなかった

248 新入社員（　　　）に負けるものかと、ベテラン社員たちも営業成績を伸ばそうと必死になっている。
1　かのごとき　　　　2　ごとく
3　ごとし　　　　　　4　ごとき

249 子どもが（　　　）、家に帰るのが楽しくてしかたがない。
1　生まれたからには
2　生まれたとしたところで
3　生まれたにもかかわらず
4　生まれてからというもの

250 彼は昨日の夜、酒に酔って駅の階段から落ちたそうだ。よくけがをしなかった（　　　）。
1　はずだ　　2　ものだ　　3　わけだ　　4　ところだ

제26회
문장의 문법 1

次の文の（　　）に入れるのに最もよいものを、1・2・3・4から一つ選びなさい。

251 建設現場での作業は、よほど（　　）事故につながりかねない。
1　注意しないと　　　　2　注意することで
3　注意せずにいると　　4　注意を怠れば

252 動物（　　）、尊い命をもつことでは人間と変わらない。
1　といえども　　　　2　にかぎって
3　とあって　　　　　4　ときたら

253 世間の人は（　　）、私には、そういう不道徳なことは断じて許せない。
1　それにしても　　　2　どうあれ
3　要するに　　　　　4　人しれず

254 恩師の著書の出版を祝う（　　）、教え子が集まってパーティーを開いた。
1　べく　　　　　　　2　べき
3　べからず　　　　　4　べからざる

255 子供なら（　　）、大人がそんなことをするもんですか。絶対にしませんよ。
1　いざとなると　　　2　いざ知らず
3　さることながら　　4　もとより

256 課長はかなり多忙らしく、昼食も（　　）にパソコンに向かっている。
1　まちまち　　2　なかなか　　3　そこそこ　　4　さくさく

257 彼は周囲の反対を押し切って会社を作ったが、経営に失敗し、親に借金の返済をしてもらう（　　）。
1　かぎりだ　　2　あげくだ　　3　しまつだ　　4　以上だ

258 世界一の高さを誇る塔「Zタワー」はあと1か月（　　　）完成する。

1　になれば　　　2　もすれば　　　3　となれば　　　4　をすれば

259 息子を電車の事故で亡くした両親は、鉄道会社を（　　　）と語った。

1　訴えるに足りない

2　訴えるにほかならない

3　訴えずにはおかない

4　訴えるきらいがある

260 どんなに才能があったとしても、日々努力を積み重ねる（　　　）一流にはなれない。

1　までもなく　　　　　2　ほかなく

3　ことなしに　　　　　4　ともなしに

제 27 회
문장의 문법 1

次の文の（　　　）に入れるのに最もよいものを、1・2・3・4から一つ選びなさい。

261　高速道路でトラックが反対車線に飛び出し、あわや大事故（　　　）。
　　　1　にならないではすまなかった
　　　2　が起きることになった
　　　3　というところだった
　　　4　となるおそれがあった

262　私たちが付き合っていることを彼女に知られた（　　　）、あっという間にみんなに伝わってしまうだろう。
　　　1　そばから　　　　　　　　2　とばかりに
　　　3　が最後　　　　　　　　　4　ところで

263　こちらがお客様のご注文の品です。（　　　）とよろしいのですが。
　　　1　お気にお召しになる
　　　2　お気にお召される
　　　3　お気にお召しになる
　　　4　お気に召す

264　新しいゴミ処理場の建設は、ひとり地域住民（　　　）、近隣の市町村にもかかわる問題だ。
　　　1　をよそに　　　　　　　　2　のみならず
　　　3　はおろか　　　　　　　　4　にひきかえ

265　ふだんはやさしい部長だが、本気で怒ったときの怖さ（　　　）。
　　　1　ほかならない　　　　　　2　かぎりだ
　　　3　といったところだ　　　　4　といったらない

266 アメリカの人気ロックバンドが東京を（　　　）6つの都市でコンサートを行う。

1　限りに　　　　　　　　2　おいて
3　ものともせず　　　　　4　皮切(かわき)りに

267 この成功はスタッフ全員の協力によってもたらされたものだ（　　　）。

1　と言えよう　　　　　　2　と言うばかりだ
3　であってよい　　　　　4　でありたい

268 君が娘の将来について心配するのは（　　　）だが、彼女も子どもじゃないんだから、そっと見守るほうがいい。

1　もっとも　　2　おろか　　3　さておき　　4　たいがい

269 出したものはきちんとしまいなさい。（　　　）はだめですよ。

1　出しがてら　　　　　　2　出しっぱなし
3　出すのみ　　　　　　　4　出すまま

270 この計画が成功するかどうかは、事前の準備に（　　　）。

1　もとづく　　　　　　　2　かかっている
3　あたらない　　　　　　4　きまっている

제28회
문장의 문법 1

次の文の（　　）に入れるのに最もよいものを、1・2・3・4から一つ選びなさい。

271 他社による新製品の発売も、幸いにして当社の売り上げに何ら（　　）。
1　影響を与えざるをえなかった
2　影響を与えるものではなかった
3　影響を与えるまでもなかった
4　影響を与えるきらいがあった

272 彼はリーダーとして尊敬（　　）人物だ。
1　に足る　　　2　にあたる　　　3　あっての　　　4　にかかわる

273 私があなたを（　　）愛しているか、わかってもらいたい。
1　どんな　　　2　どうにか　　　3　いかに　　　4　いかん

274 こんなに難しいことが何の努力もなしに、どうして（　　）。
1　成功できまいか　　　　2　成功させないのか
3　成功できようか　　　　4　成功しようがあるか

275 結果は（　　）、全力をつくしたことは認めよう。
1　ともなれば　　　　2　ともすると
3　ともなく　　　　　4　ともあれ

276 この難局を乗り切るには、（　　）いいのだろうか。
1　いかんによっては　　　2　いかなる
3　いかようにも　　　　　4　いかにすれば

날짜	/	/	/
득점	/10	/10	/10

277　彼女は僕の顔を見る（　　　）、人目もかまわず泣き出した。

　　1　次第　　　2　そばから　　3　とたんに　　4　なり

278　出版業界の不況下（　　　）、この雑誌だけは売り上げを伸ばしている。

　　1　にしても　　2　にあって　　3　によって　　4　としても

279　名誉を守るためには死を（　　　）、という彼の強い覚悟には驚かされる。

　　1　も辞さない　　　　　　2　もさることながら
　　3　ものともせずに　　　　4　もって

280　私はこの活動を通して、今後、地域の経済発展に貢献して（　　　）考えです。

　　1　いらっしゃる　　　　　2　うかがう
　　3　まいる　　　　　　　　4　さしあげる

제29회
문장의 문법 1

次の文の（　　）に入れるのに最もよいものを、1・2・3・4から一つ選びなさい。

281 このパンは、作る（　　）売れてしまう、店一番の人気商品だ。
　　1　ばかりに　　2　そばから　　3　かたわら　　4　とたんに

282 祖父は、なんと80歳（　　）スキーを始めた。
　　1　であって　　2　にあって　　3　であれ　　4　にして

283 厳しい労働条件の下で働く労働者がストライキをしたからといって、（　　）。
　　1　驚くにはあたらない
　　2　驚くといったらない
　　3　驚いてやまない
　　4　驚くにかたくない

284 あの人がいったい何を考えているのか、（　　）理解できない。
　　1　同然　　2　皆目　　3　相当　　4　全般

285 学歴が高ければ一流企業に就職できる（　　）、決してそのようなことはない。
　　1　までもなく　　　　2　のみならず
　　3　ともなれば　　　　4　かというと

286 億万長者になった彼は運がよかったわけではない。誰よりも努力をして、成功する（　　）成功したのだ。
　　1　べくして　　　　　2　こととて
　　3　ところを　　　　　4　としたところで

287 登山はきついスポーツだが、登頂(とうちょう)したときの感激が（　　　）続けられるというものだ。
1　あってまで　　　　　2　あればこそ
3　あるとはいえ　　　　4　ありながら

288 彼は医師の仕事（　　　）、小説を書き、雑誌に発表してきた。
1　かたがた　　　　　　2　のかたわら
3　にともなって　　　　4　がてら

289 祭りの会場へ向かう道は押す（　　　）押す（　　　）の大混雑(だいこんざつ)だった。
1　なり／なり　　　　　2　は／は
3　な／な　　　　　　　4　と／と

290 家族の心配（　　　）、彼は戦場へ取材に出かけて行った。
1　なしに　　2　ゆえに　　3　をよそに　　4　をおいて

제30회
문장의 문법 1

次の文の（　　）に入れるのに最もよいものを、1・2・3・4から一つ選びなさい。

291 いやな仕事をやらされるぐらいなら、（　　）会社を辞めてしまおうと、退職届を書いた。
1　あべこべに　　　　　　2　どうせ
3　打って変わって　　　　4　いっそのこと

292 最愛のペットを亡くした彼女の気持ちは察するに（　　）。
1　かたくない　　　　　　2　たえない
3　ほかならない　　　　　4　足らない

293 営業成績の不振も（　　）、高額な報酬を受け取っている経営者がいる。
1　とわず　　　　　　　　2　おかまいなしに
3　わりに　　　　　　　　4　かかわりなく

294 早く自立したいと思っていたが、いざ一人暮らしを始める（　　）、不安がないわけではない。
1　ときたら　　2　といったら　　3　とあれば　　4　となると

295 この病院は命に（　　）ような重い病気の患者を診る態勢が整っていない。
1　おける　　2　かんする　　3　問う　　4　かかわる

296 テレビドラマ（　　）、そんなに都合よく問題が解決するわけがない。
1　もさることながら　　　2　ではあるまいし
3　にもまして　　　　　　4　ともなると

297 彼の連絡先を誰も知らないので、連絡（　　　）連絡できない。
　　1　するべく　　　　　　　2　するなり
　　3　しないまでも　　　　　4　しようにも

298 彼女の日本語は完璧とは言えない（　　　）、かなりのレベルに達している。
　　1　ゆえに　　　2　までも　　　3　ものを　　　4　だけに

299 この携帯電話は、字が大きくて操作も簡単なので、（　　　）方にも使いやすいはずです。
　　1　年を取られた　　　　　2　年をお取りになった
　　3　お年を召した　　　　　4　お年を取った

300 あの事件は、口にする（　　　）恐ろしいものであった。
　　1　なり　　　2　だに　　　3　さえ　　　4　ゆえ

문장의 문법 2

〈문장의 문법2〉에는 한 회 5문제 씩, 전부 15회(75문제)의 문제가 있습니다. 실제 일본어능력시험에도 〈문장의 문법2〉은 5문제가 있으므로, 여기서는 15회분의 문제가 들어있는 것입니다.

한 회의 5문제 중, 3~4문제의 정답을 맞출 수 있으면 거의 합격 라인입니다. 처음에는 성적이 좋지 않아도, 문제 푸는 회를 진행해 가면서 점점 정답을 맞추는 것을 늘려가며, 마지막에 합격라인에 다다를 수 있도록 노력합시다.

다음 페이지에 문제를 푸는 법 예가 있습니다. 하지만 〈문장의 문법2〉 문제의 풀이법의 포인트는 1개만이 아니라, 포인트가 2개 이상 있는 문제도 있습니다. 즉, 정답으로 가는 길은 하나가 아닐지도 모릅니다. 물론 어떤 길을 통해 가더라도, 정답은 같은 1개 입니다. 하나의 길을 알았다면 두 번째 길도 찾아보면 재미있을 것입니다. 갖고 있는 문법 실력을 백 퍼센트 발휘해 봅시다.

문제 예

次の文の ___★___ に入る最もよいものを、1・2・3・4から一つ選びなさい。

この歌を_____ _____ __★__ _____思い出す。
1　恋人を　　　2　たびに　　　3　学生時代の　　　4　聞く

풀이법

① 「たびに」앞에 동사사전형이 온다 ⇒ 「聞くたびに」

② 「聞く」앞에는 「歌を」가 어울린다 ⇒ 「この歌を聞くたびに」
　　この歌を　　聞く　　　たびに　、　　★　　　_____　思い出す。

③ 「思い出す」앞에 「～を」가 온다 ⇒ 「恋人を思い出す」
　　この歌を　　聞く　　　たびに　、　　★　　　恋人を　　思い出す。

④ 세 번째 공란(★)에 「学生時代の」가 온다. 맞는 문장이 된다.
　　この歌を　4 聞く　　2 たびに　、　3　学生時代の　　1 恋人を　　思い出す。

⑤　　★　　에 들어갈 번호 「3」을 고른다

제1회
문장의 문법 2

次の文の___★___に入る最もよいものを、1・2・3・4から一つ選びなさい。

[1] 高校時代は、こんな___　___　_★_　___といつも思っていた。
1　生活は　　　　　　　　2　規則
3　早く終わらないか　　　4　ずくめの

[2] 彼女の___　_★_　___　___にはおかない。
1　揺さぶらず　　2　聞く者の　　3　歌声は　　4　心を

[3] 大学の入学試験まであと2か月だ。___　_★_　___　___できない。
1　たりとも　　2　たとえ　　3　一日　　4　無駄には

[4] 新入社員___　___　_★_　___いちいち落ち込んではいられない。
1　小さなミスで　　　　2　では
3　こんな　　　　　　　4　あるまいし

[5] 日本最大の保険会社の倒産は、___　_★_　___　___の経済にも深刻な打撃を与えるだろう。
1　のみならず　　2　日本　　3　世界　　4　ただ

제2회 문장의 문법 2

次の文の ___★___ に入る最もよいものを、1・2・3・4から一つ選びなさい。

6 子供たちは、私が部屋を_____ _____ __★__ _____ので、かなわない。

1　散らかす　　2　そばから　　3　きれいに　　4　掃除した

7 日本へ来たばかりのころは日本語で_____ _____ __★__ _____が、今は日本人と議論することもできるようになった。

1　あいさつを　　　　2　できなかった
3　すること　　　　　4　すら

8 娘は小学校の_____ _____ __★__ _____、何事にも積極的になった。

1　クラス委員に　　　2　から
3　選ばれて　　　　　4　というもの

9 いつもきちんとしている彼女が_____ __★__ _____ _____変だ。

1　つけっぱなしで　　2　部屋の電気を
3　なんて　　　　　　4　出かける

10 昔私が被害にあったあの詐欺事件のことは、今_____ _____ __★__ _____立つ。

1　思い出す　　2　でも　　3　だに　　4　腹が

제3회
문장의 문법 2

次の文の ___★___ に入る最もよいものを、1・2・3・4から一つ選びなさい。

11 彼が_____ _____ ___★___ _____多くのビジネスマンの共感を得ている。

　　1　書き上げた　　2　銀行勤めの　　3　小説は　　4　かたわら

12 木村君は医者に入院が必要だと言われたそうだ。しばらく_____ _____ ___★___ _____だろう。

　　1　休ませず　　2　すまない　　3　には　　4　仕事を

13 今さら_____ _____ ___★___ _____遅すぎる。

　　1　ところで　　2　過ぎた　　3　後悔した　　4　ことを

14 彼は家に_____ ___★___ _____ _____野球を見始めた。

　　1　テレビを　　2　帰るが　　3　つけて　　4　早いか

15 アメリカへ留学したいと両親に話したとき、_____ _____ ___★___ _____励ましてくれた。

　　1　と思いきや　　　　　　2　2人とも
　　3　反対されるか　　　　　4　賛成して

제4회 문장의 문법 2

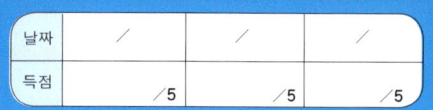

次の文の ___★___ に入る最もよいものを、1・2・3・4から一つ選びなさい。

16 その物語の主人公が敵に_____ ___★___ _____ _____姿に私は感動した。

　1　辞さない　　2　立ち向かう　　3　覚悟で　　4　死をも

17 私たち2人は_____ ___★___ _____ _____を続けている。

　1　持ちつ　　2　互いに　　3　の関係　　4　持たれつ

18 連絡が遅くなって申し訳ありませんでした。電話が_____ ___★___ _____ _____んです。

　1　連絡できなかった　　2　つながらなくて
　3　にも　　　　　　　　4　連絡しよう

19 敵は_____ ___★___ _____ _____だろう。

　1　弱点を　　　　　　　2　ではおかない
　3　我々の　　　　　　　4　攻撃しない

20 私が話している間、彼女は_____ ___★___ _____ _____していた。

　1　いたずら書きを　　　2　関係ない
　3　自分には　　　　　　4　とばかりに

제5회
문장의 문법 2

次の文の ___★___ に入る最もよいものを、1・2・3・4から一つ選びなさい。

21 たとえ_____ __★__ _____ _____ 人と何も変わりはない。

1　普通の　　　　　　　2　有名人
3　法律の前では　　　　4　であれ

22 寝る前に、今日会社で_____ __★__ _____ _____、仕事を1つし忘れたことに気づいた。

1　あったことを　　　　2　ともなく
3　考えていたら　　　　4　考える

23 新聞に_____ _____ __★__ _____ わからない。

1　本当の話　　2　かどうか　　3　とはいえ　　4　書いてある

24 私の誕生日を_____ __★__ _____ _____ でございます。

1　うれしい　　　　　　2　覚えていてくださった
3　限り　　　　　　　　4　とは

25 たとえ_____ _____ __★__ _____ 人の気持ちは分かる。

1　幼い　　　2　まだ　　　3　子供　　　4　といえども

제6회 문장의 문법 2

次の文の ___★___ に入る最もよいものを、1・2・3・4から一つ選びなさい。

26 私の出した案にさんざん_____ _____ ___★___ _____わけではなかった。
1　いい考えがある　　2　文句を言った
3　ところで　　　　　4　彼に

27 本日は_____ _____ ___★___ _____、ありがとうございました。
1　ご多忙の　2　くださり　3　ご出席　4　ところを

28 うちの_____ ___★___ _____ _____すぐゲームを始めて、テレビの前から動かなくなる。
1　息子　　2　学校から　3　ときたら　4　帰ると

29 この子は目_____ ___★___ _____ _____そっくりだ。
1　といい　2　父親に　3　鼻　4　といい

30 市長は市の_____ ___★___ _____ _____検討すると述べた。
1　実情に　2　医療制度の　3　即した　4　あり方を

제7회
문장의 문법 2

次の文の ___★___ に入る最もよいものを、1・2・3・4から一つ選びなさい。

[31] 久しぶりに家族が_____ _____ ___★___ _____様子だった。

1　うれしそうな　　　　2　とあって
3　そろう　　　　　　　4　両親は

[32] 何かあって私が落ち込んでいると、_____ ___★___ _____ _____母は私にタイミングよく電話をくれる。

1　それを　　2　のに　　3　聞いた　　4　わけでもない

[33] 若者の間で人気のある漫画の多くは、_____ _____ ___★___ _____ものらしい。

1　にとっては　　2　年配(ねんぱい)の人　　3　にたえない　　4　読む

[34] この町で住民の_____ _____ ___★___ _____ほかに誰がいるだろうか。

1　に足る　　2　医者は　　3　彼の　　4　信頼

[35] 昨年の_____ _____ ___★___ _____、今年の彼女の作品は出来がいまひとつだ。

1　作品の　　2　良かった　　3　評判が　　4　のにひきかえ

제8회
문장의 문법 2

次の文の ___★___ に入る最もよいものを、1・2・3・4から一つ選びなさい。

36 恋人ができた彼女は、_____ __★__ _____ _____ようになった。

1 気をつかう　2 おしゃれに　3 以前　4 にもまして

37 憧れていた歌手に_____ _____ __★__ _____である。

1 会える　2 極み　3 感激の　4 とは

38 母が亡くなって一人暮らしを始めた父だが、_____ _____ __★__ _____自分でしたことがなかったので、とても苦労している。

1 料理　　　　　　2 お茶を入れること
3 さえ　　　　　　4 はおろか

39 ただ嫌いだというだけの理由でその人を_____ __★__ _____ _____行為だ。

1 まじき　2 許す　3 のは　4 傷つける

40 円高だから_____ __★__ _____ _____、必ずしもそうではない。

1 増えている　　　　2 日本人が
3 海外旅行に行く　　4 かというと

제9회 문장의 문법 2

次の文の ___★___ に入る最もよいものを、1・2・3・4から一つ選びなさい。

41 せっかく当たった宝くじも、_____ _____ ___★___ _____ それまでだ。

1　しまえば　　2　交換の　　3　過ぎて　　4　期限を

42 水道管が破損して水が流れないので、トイレのドアに「_____ ___★___ _____ _____」と書いた紙を張っておいた。

1　使用する　　2　につき　　3　べからず　　4　故障

43 不当な_____ ___★___ _____ _____、社員が団結して立ち上がった。

1　改善を　　2　べく　　3　労働条件の　　4　要求する

44 S社は、5年前に_____ _____ ___★___ _____いくつもの新商品を開発している。

1　として　　2　発売した　　3　皮切り　　4　ゲーム機を

45 児童虐待のニュースを耳にするたびに_____ ___★___ _____ _____のは、私だけではないはずだ。

1　憤りの念を　　　　　2　身勝手な大人に
3　禁じえない　　　　　4　対する

제10회
문장의 문법 2

次の文の ＿＿★＿＿ に入る最もよいものを、1・2・3・4から一つ選びなさい。

46 数々の賞をとった作品を私のような＿＿＿＿ ＿＿★＿＿ ＿＿＿＿ ＿＿＿＿だろう。

1　今さら　　　2　批評する　　3　までもない　　4　素人(しろうと)が

47 前もって予定を知らせて＿＿＿＿ ＿＿★＿＿ ＿＿＿＿ ＿＿＿＿ものを、君が帰宅しないといって昨夜は大騒ぎだったんだよ。

1　くれれば　　2　心配せずに　　3　おいて　　4　すんだ

48 彼を＿＿＿＿ ＿＿★＿＿ ＿＿＿＿ ＿＿＿＿いない。

1　おいて　　2　ふさわしい　　3　その賞に　　4　人は

49 教授は今日まで＿＿＿＿ ＿＿★＿＿ ＿＿＿＿ ＿＿＿＿取り組んでこられました。

1　批判を　　　　　　2　研究に
3　周囲からの　　　　4　ものともせずに

50 A氏は、上司から受けた不当な扱いに＿＿＿＿ ＿＿★＿＿ ＿＿＿＿ ＿＿＿＿会社に損害賠償を求めた。

1　退職を　　　　　　2　として
3　よって　　　　　　4　余儀(よぎ)なくされた

제11회
문장의 문법 2

次の文の ___★___ に入る最もよいものを、1・2・3・4から一つ選びなさい。

51 大雨で市民が_____ _____ __★__ _____ことが問題になっている。

1 被害を受けているの　　2 市長が旅先で
3 ゴルフをしていた　　　4 をよそに

52 10年に_____ _____ __★__ _____限りに引退することになった。

1 活躍した　　2 今季を　　3 わたって　　4 S選手が

53 動物の一生は、少しでも_____ _____ __★__ _____戦いである。

1 残さんが　　2 多くの　　3 子孫を　　4 ための

54 たばこ税の増税が_____ __★__ _____ _____間違いないだろう。

1 のは　　　　　　　　2 喫煙人口の
3 拍車をかける　　　　4 減少に

55 こんなに_____ _____ __★__ _____合格は無理だ。

1 解くのに　　　　　　2 ようでは
3 苦労する　　　　　　4 簡単な問題を

제12회
문장의 문법 2

次の文の ___★___ に入る最もよいものを、1・2・3・4から一つ選びなさい。

56 学生時代にもっと勉強して_____ ___★___ _____ _____ 後悔している。

　　1　今さら　　　2　よかったと　　3　ながら　　　4　おけば

57 財産があれば何の心配もないのかと思っていたが、金持ちは金持ち_____ ___★___ _____ _____あるようだ。

　　1　なりに　　　2　悩みが　　　3　わからない　　4　貧乏人には

58 これは、経験と実績がある_____ _____ ___★___ _____ 大仕事だ。

　　1　はじめて　　2　ベテラン　　3　こなせる　　　4　にして

59 事故で両親を亡くした女の子は_____ ___★___ _____ _____ しまった。

　　1　ショックの　　　　　　2　きかなくなって
　　3　あまりに　　　　　　　4　口を

60 これから始まる仕事にはかなりの困難が予想されますが、_____ ___★___ _____ _____、成功はまちがいありません。

　　1　もってすれば　　　　　2　実績を
　　3　みなさんの　　　　　　4　経験と

제13회 문장의 문법 2

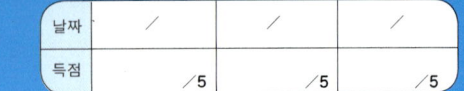

次の文の ___★___ に入る最もよいものを、1・2・3・4から一つ選びなさい。

61 いかにも_____ ___★___ _____ _____、私はすっかりだまされてしまった。

1　投資の話をする　　　　2　ものだから
3　言葉巧みに　　　　　　4　親切そうな女性が

62 引越しが終わると、_____ _____ ___★___ _____出かけた。

1　片付けも　　2　町の探検に　　3　そこそこに　　4　荷物の

63 交通量の多い道路に突然子どもが飛び出し、_____ _____ ___★___ _____だった。

1　あわや　　2　人身事故に　　3　ところ　　4　なる

64 犯罪を繰り返す彼に_____ _____ ___★___ _____判断がくだされた。

1　更正(こうせい)の　　2　ない　　3　余地(よち)は　　4　という

65 彼の_____ ___★___ _____ _____ものでもない。

1　いかんでは　　　　　　2　可能性がない
3　今後の努力　　　　　　4　大学進学の

제14회
문장의 문법 2

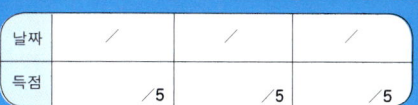

次の文の ＿＿★＿＿ に入る最もよいものを、1・2・3・4から一つ選びなさい。

66　店員は最後の客の前で、＿＿＿＿ ＿＿＿＿ ＿★＿＿ ＿＿＿＿テーブルの上を片づけ始めた。
　　1　帰れと　　　2　言わん　　　3　早く　　　4　ばかりに

67　仕事が忙しくて、＿＿＿＿ ＿★＿＿ ＿＿＿＿ ＿＿＿＿状態が続いている。
　　1　数週間　　　2　寝ていない　3　ろくに　　4　ここ

68　年老いた母が田舎で＿＿＿＿ ＿＿＿＿ ＿★＿＿ ＿＿＿＿だろう。
　　1　心細い　　　　　　　　2　一人暮らしを
　　3　さぞ　　　　　　　　　4　するのは

69　彼女がその手紙を＿＿＿＿ ＿★＿＿ ＿＿＿＿ ＿＿＿＿見て、私はそれが悪い知らせだと思った。
　　1　破り捨てた　2　読み終える　3　のを　　　4　が早いか

70　市長のもとには＿＿＿＿ ＿★＿＿ ＿＿＿＿ ＿＿＿＿届くそうだ。
　　1　メールが　　2　100通　　　3　からの　　4　1日に

제 15 회
문장의 문법 2

次の文の ___★___ に入る最もよいものを、1・2・3・4から一つ選びなさい。

[71] これから友人を駅まで_____ _____ ___★___ _____と思います。

1　がてら　　2　送り　　3　してこよう　　4　買い物を

[72] 新人ですので、_____ _____ ___★___ _____が、どうぞよろしくお願いいたします。

1　ご迷惑をかける　　　2　慣れぬ
3　かもしれません　　　4　こととて

[73] おまえの_____ ___★___ _____ _____私ではない。必ず勝つ。

1　初心者に　　2　ごとき　　3　ような　　4　負ける

[74] 町長_____ _____ ___★___ _____生活が送れるように配慮しなければならない。

1　安全な　　2　たる者　　3　町民が　　4　豊かで

[75] 一国の_____ _____ ___★___ _____働くことになるだろう。

1　なしで　　2　ともなれば　　3　首相　　4　休み

글의 문법

〈글의 문법〉에는 한 회 1문제 씩, 전부 10회(70문제)의 문제가 있습니다. 실제 일본어능력시험에도 〈글의 문법〉은 1문제가 있으므로, 여기서는 10회분의 문제가 들어있는 것입니다. 한 문제에는 작은 문제가 5문제가 들어 있습니다. **이 5문제 중, 3~4문제의 정답을 맞출 수 있으면 거의 합격입니다.** 처음에는 성적이 좋지 않아도, 문제 푸는 회를 진행해 가면서 점점 정답을 맞추는 것을 늘려가며, 마지막에 합격라인에 다다를 수 있도록 노력합시다.

제1회
글의 문법

次の文章を読んで、1 から 5 の中に入る最もよいものを、1・2・3・4から一つ選びなさい。

さまざまな企業で働く営業社員の中でも群をぬいて好成績をあげる社員はトップセールスマンなどと呼ばれている。顧客への対応が成績を左右する仕事に携わる彼らの 1 、さぞ話が上手だろうとだれもが思うにちがいない。ところが、意外なことに、優れたセールスマンは 2a よりも 2b な人が多いそうだ。

彼らは顧客のもとへ何度も足を運び、話をよく聞く。その際に決してしゃべりすぎず、うなずき、あいづちを打つ。すると顧客は相手から同意や共感を得られたことで気持ちがよくなり、さらに多くの話をするようになる。その結果、初めは多少の警戒心をもっていた顧客からも信頼されるようになり、セールスマンは驚く 3 多くの情報を顧客から得ることができる。このようにして相手の警戒心を解き、好意はもちろん信頼感さえ抱かせる。そうなれば、商品のセールスは半ば 4 。

人は自分に対して関心を持つ相手に好意を持つものである。だから、顧客に会うときは、まず相手の名前を覚える、それから相手の目を見て相手の話に熱心に耳を傾けること。これが顧客の好意と信頼を得る近道である。つまり、 5 こそセールス成功への秘訣だと言えるだろう。

날짜	/	/	/
득점	/5	/5	/5

1

1　わけであるから　　2　ものなら
3　ことだから　　　　4　ほうとすれば

2

1　a 話し上手／b 説明上手
2　a 聞き上手／b 聞き下手
3　a 話し上手／b 聞き上手
4　a 聞き上手／b おだて上手

3

1　ばかり　　　　　　2　ほど
3　なりに　　　　　　4　かぎり

4

1　成功することができた
2　成功するであろう
3　成功したとはいえない
4　成功したようなものだ

5

1　相手の信頼を得ること
2　話上手になること
3　聞き上手になること
4　相手に関心を持つこと

제2회
글의 문법

次の文章を読んで、 1 から 5 の中に入る最もよいものを、1・2・3・4から一つ選びなさい。

　もし家計にゆとりがあれば、その分を何に使うべきか。人によって、さまざまな考え方があると思いますが、私は迷いなく「教育」と答えます。自分の子どもに惜しみなく「投資」をするべきだと思うからです。

　子どもの将来のため 1 、どんなものでも惜しまず与える。子どもが何かを学びたい、これこれの学校へ行きたいと言ったならば、たとえかなりの高額でもその学費を出してやる。それがどのような実を結ぶかはわかりませんが、子どもへの投資だと考えれば、自分自身も 2 。子どもにしても、親が自分を信じて投資してくれたのだと 3 、その期待にそえるよう、辛いことがあってもがんばるでしょう。精一杯努力して、できる限りの結果を出そうとするに違いありません。獲得した知識や技術は、将来役に立たないはずはありません。また、親が自分の教育に力を尽くしてくれたということは、子どもにとって 4 心の支えになるはずです。お金は働けばまたいつか取り戻せます。けれども、子どもの教育は、後からやり直すことができません。あの時にもっと出資を 5 と後から後悔しても、もう遅すぎるのです。

1

1　もすれば　　　　　　2　とあれば
3　とはいうものの　　　4　とはいえ

2

1　納得せずにはすみません
2　納得できるはずです
3　納得するきらいがあります
4　納得するにすぎません

3

1　思うことなしに　　　2　思いつつも
3　思いこそすれ　　　　4　思えばこそ

4

1　ほかならない　　　　2　ばかにならない
3　何ものにも代え難い　4　何ともいえない

5

1　してやるものだ
2　してやらざるをえなかった
3　してやればよかった
4　してやることができなかった

제3회
글의 문법

次の文章を読んで、 1 から 5 の中に入る最もよいものを、1・2・3・4から一つ選びなさい。

　「ワークシェアリング」という言葉をご存じだろうか。これは仕事の分かち合いを意味する英語で、一人当たりの労働時間を減らして、多くの人の雇用を　1　とすることである。

　例えば、ある企業が一日8時間の労働時間を、希望に応じて4時間に短縮できる制度を導入したとする。こうすれば、従業員は育児などの時間を増やすために短時間勤務を選ぶことができ、企業は、子育てが一段落した女性や高齢者などをパートタイムで雇い入れる余裕が生まれる。こうした企業が増えれば、今まで拘束(こうそく)時間の長さ　2　働きたくても働けなかった女性や高齢者の社会進出にもつながる。

　　3　、日本にこの制度を定着させるためには、まだまだ解決しなければならない問題が多い。例えばサービス残業が当然のように行われている会社が多く、時間当たりの残業の賃金が明確に定められていないことがある。また、パートタイム社員の待遇が改善されないかぎり、この制度を導入しても　4　おそれもある。

　世界的な不況の中で雇用不安が高まっている今、新たな雇用を生み出すための選択肢として、「ワークシェアリング」にはいっそうの　5　であろう。

날짜	/	/	/
득점	/5	/5	/5

1

1　生み出すなら　　　　2　生み出せれば
3　生み出そう　　　　　4　生み出す

2

1　あまりに　　　　　　2　だけに
3　ばかりに　　　　　　4　ゆえに

3

1　だからといって　　　2　しかしながら
3　したがって　　　　　4　要するに

4

1　パートタイムを希望する人が増えない
2　正社員よりパートタイムを希望する人が増えてしまう
3　パートタイムで働かざるを得ない人が増える
4　正社員の数が増えていかない

5

1　検討を余儀なくされる
2　検討をせずにはおかない
3　検討が行われるべき
4　検討をするまでもない

제4회
글의 문법

次の文章を読んで、 1 から 5 の中に入る最もよいものを、1・2・3・4から一つ選びなさい。

　　最近「イケメン」という言葉をよく耳 1 。特に若い人を中心にこの言葉を使う人が多いようだ。これは 2 、容姿、特に顔が魅力的な男性を指す言葉で、少し前なら「男前(おとこまえ)」「二枚目」「ハンサム」などを使っていた。それらが今は「イケメン」に 3 。

　　では、「ハンサム」と「イケメン」、この２つの言葉はどう違うのだろうか。何人かの若者に聞いてみたところ、「若い男性ならイケメン、中年以上ならハンサム」「たくましい感じの人はハンサム、中性的な印象の人はイケメン」など使い分けは人によって様々だ。違いについての明確な基準はなく、その人 4 解釈で使い分けているようだ。 5 、容姿の優れた男性を指す語彙がこれほど生まれている一方で、魅力的な美しい女性については、意外に言葉が少なく、新しい語が生まれていないのはなぜなのだろう。

1

1　になる　　　　　　2　にくる
3　に入れる　　　　　4　にする

2

1　結局　　　　　　　2　どうせ
3　すなわち　　　　　4　何としても

3

1　変わろうとするまでのことだ
2　立場を譲られてしまっている
3　言い換えられずにはすまなくなった
4　取って代わられようとしている

4

1　なりの　　　　　　2　ばかりの
3　にかかわる　　　　4　にそった

5

1　それはそれで　　　2　それにしても
3　なんとしても　　　4　ひいては

제5회
글의 문법

次の文章を読んで、 1 から 5 の中に入る最もよいものを、1・2・3・4から一つ選びなさい。

　　日本人によく知られている花粉症はスギ花粉症です。スギの木が花粉を飛ばすのは、2月から4月の3か月程度ですが、最近、スギ花粉の時期だけに　1　、ほかの時期にも症状を訴える患者さんが増えています。このような患者さんはスギだけでなく、他の植物に対するアレルギーも合わせて発症していると考えられます。この複数の花粉に反応する花粉症を「多重花粉症」　2　、その患者数は年々増加しているようです。多重花粉症が増加している原因として、花粉症になっても治療せずに放置していることが指摘されています。

　　アレルギーとは、あるものに対して過剰（かじょう）な反応をする状態です。花粉症を発症し、粘膜（ねんまく）が非常に　3a　になった状態が続くと、アレルギー原因物質の影響をより　3b　受けることになります。　4　、もともとの花粉症がただ悪化するだけでなく、他のアレルギーにもかかりやすくなるのです。

　　花粉症は予防することもできます。なるべく花粉に触れないようにすることが大切で、マスクやメガネも有効です。また、日ごろからしっかり栄養をとり、睡眠など生活習慣にも気を配って、体に抵抗力をつけておく　5　。

1

1　もちろん　　　　　2　もとより
3　のみならず　　　　4　とどまらず

2

1　となり　　　　　　2　といい
3　とあって　　　　　4　とされて

3

1　a 鈍感／b 弱く
2　a 鈍感／b 強く
3　a 敏感／b 強く
4　a 敏感／b 弱く

4

1　それはそうと　　　2　というのは
3　そうすると　　　　4　その一方で

5

1　ものではないでしょうか
2　ことが問題になります
3　までのことです
4　よう心がけましょう

제6회
글의 문법

次の文章を読んで、 1 から 5 の中に入る最もよいものを、1・2・3・4から一つ選びなさい。

　「二足のわらじをはく」とは、「1人の人が異なる2つの種類の仕事を同時にする」という意味である。この「二足のわらじ」が注目を浴びた 1 、日本人映画俳優のSさんが選挙に立候補して、「国会議員を務めると同時に、俳優として映画にも出演する」と宣言したときである。

　選挙の結果、彼は見事に当選を果たした。しかし、俳優としていかに輝かしい活躍をしてきたSさん 2 、議員として十分な活動が果たせるかどうか、これを危ぶむ声が後を絶たなかった。「二足のわらじは到底無理」という声や、Sさんに対して「政治の専門家ではない」「政治を甘く見ている」という厳しい意見も聞かれた。しかし彼は、「欧米では異なる仕事に就きながら政治家として立派に活動している人もいる」と反論していた。

　「二足のわらじ」は果たして成功するのかと日本中が注目した。 3 就任してわずか1か月後、Sさんはあっさりと映画俳優としての引退を発表した。「政治の仕事に専念したい」というのである。当然ながらマスコミは「やはり二足のわらじは無理だった」、「約束を守らなかった」などと批判をした。

　日本人は政治家という仕事に高い専門性を求めている。Sさんの場合、俳優としての活躍ぶりがめざましかっただけに、 4a が俳優業も行うというよりは、 4b としての職が副業であるかのように見えてしまったのかもしれない。

　実際に「二足のわらじ」は不可能だったのだろうか。それを試す機会が失われてしまったことは、我々にとっては残念 5 。

1

1　ことには　　　　2　ことは
3　のには　　　　　4　のは

2

1　であるならば　　2　ならばこそ
3　であろうと　　　4　ならでは

3

1　そういうわけで　2　そればかりか
3　ところが　　　　4　ことによると

4

1　a 政治家／b 政治家
2　a 専門家／b 政治家
3　a 専門家／b 専門家
4　a 政治家／b 俳優

5

1　としか言いようがない
2　かぎりである
3　の至りだ
4　を禁じえない

제7회
글의 문법

次の文章を読んで、 1 から 5 の中に入る最もよいものを、1・2・3・4から一つ選びなさい。

　「ジェネリック医薬品（後発医薬品）」という言葉を耳にするようになって久しい。最近はテレビでもＣＭが流れるようになった。 1 ジェネリック医薬品はまだそれほど普及はしてないのが実情である。では、なぜ日本では普及が遅れているのか。その大きな理由の一つが情報量の少なさであろう。例えば、持病で10年間同じ薬を飲み続けてきた患者が、突然医師に「中身は同じで値段が半分のジェネリックがあるが…」とすすめられた場合、この患者は迷わずジェネリックを選ぶだろうか。答えは「ノー」だ。中身が同じ、値段が安いというだけでは 2 。10年間親しんだ従来の薬のように自分の体に合っているのか確証を持つことができないからだ。事実、ジェネリック医薬品は先発医薬品の全く同じコピー商品なのかというと 3 。同じなのは主成分だけである。飲み薬の場合を例にとると、錠剤かカプセルかなど形状が異なるだけでも薬の作用が大きく変わることがある。先発医薬品はたしかに高いけれど長く使用されているだけあって、その安全性や危険性について十分な情報がある。しかし、ジェネリック医薬品にはまだそれがない。病気の適切な治療 4 逆に体に害を与えるおそれまであるのだ。ジェネリック医薬品に変えるということは、安価という 5a と引き換えに、十分に有効性と安全性が確認されていない薬を使用する 5b を患者が負うことになるのだ。

날짜	/	/	/
득점	/5	/5	/5

1

1　それだからこそ　　2　となればこそ
3　それにつけても　　4　とはいっても

2

1　とうてい納得できない
2　納得するほかない
3　納得しないものでもない
4　納得せずにはおかない

3

1　そのようだ　　　2　それもそうだ
3　間違っている　　4　そうではない

4

1　をよそに　　2　どころか
3　とはい　　　4　はともかく

5

1　a長所／b短所　　2　aサービス／b義務
3　aメリット／bリスク　　4　a利益／b損失

제8회
글의 문법

次の文章を読んで、1 から 5 の中に入る最もよいものを、1・2・3・4から一つ選びなさい。

　紅葉が見られるところは日本だけではないが、日本の紅葉は 1 美しいと言われている。この美しい紅葉には気候、風土が大きく影響している。

　木の葉が鮮やかに発色する条件とは何だろうか。まず、赤や黄色の色素となる成分を活発に作るための強い日光が必要である。そして夜間には気温が下がり、樹木（じゅもく）が活動を休むことによって、作られた成分が 2 紅葉が鮮やかなものになる。また、葉が乾燥しすぎると紅葉する前に枯れてしまうこともあるので、適度な雨も欠かせない。したがって、紅葉には日当たり（ひあ）、 3 、水分という３つの要素が重要だということになる。山や渓谷（けいこく）に紅葉の名所が多いのは、この３つの条件が揃っているからである。

　紅葉する落葉樹が群生している地域は、世界でも東アジア沿岸部と北アメリカ大陸東部、およびヨーロッパの一部 4 。日本は国土の７割に及ぶ森林に多種の落葉樹が生えており、温度差のある気候などの好条件も 5 、他の国々よりいっそう紅葉の美しさが際立つ（きわだ）のだろう。

1

1　さしあたって　　　　2　しばしば
3　なおさら　　　　　　4　とりわけ

2

1　消耗(しょうもう)されないことで
2　消耗されることによって
3　消耗されるのみならず
4　消耗とあいまって

3

1　発色の成分　　　　　2　時間
3　樹木の活動　　　　　4　気温

4

1　に至る　　　　　　　2　に及んでいる
3　に限られる　　　　　4　に満たない

5

1　いかんなく　　　　　2　幸いして
3　さることながら　　　4　ありながら

제9회
글의 문법

次の文章を読んで、| 1 |から| 5 |の中に入る最もよいものを、1・2・3・4から一つ選びなさい。

グローバル化が進むとともに、世界各国に駐在する日本人の研究者やビジネスマンも増していて、世界で日本人のいない国はないと言われるほどだ。それゆえ、通信業界でもさぞたくさんの日本人特派員が各国に派遣されているかと| 1 |、そうではないのが実情である。新聞で何かと取り上げられることの多い中東地域においてさえ、| 2 |。

このように支局の数、特派員の数が多くはない通信社は、どのようにして情報を入手しているのだろうか。イギリスやアメリカの大通信社は、世界中に張りめぐらせた通信網によって各国から情報を集めているが、この情報収集には膨大な資金を必要とする。| 3 |、資金面で苦しむ国々の通信社は自力で情報収集を行わずに大通信社から情報の配信を受けることが多くなる。これは一見合理的に思えるシステムだが、問題が| 4 |。A国の通信社が取材して得た情報は、あくまでA国の視点で取材されたものであり、その国のその時点での情勢が絡んだ情報である可能性もある。つまり、私たちが得ている情報は、グローバルな情報網から得たものであればこそ、量的には不足はないかもしれないが、質的に見ると、| 5 |ということである。

날짜	/	/	/
득점	/5	/5	/5

1

1　思ったものの　　　　2　思いつつ
3　思いきや　　　　　　4　思いながら

2

1　駐在する日本人の数は少ない
2　日本の通信社の支局は多くはない
3　日本の通信社が得る情報は少ない
4　日本の通信社がおかれている

3

1　したがって　　　　　2　それにもかかわらず
3　それはともかく　　　4　しかしながら

4

1　あるとも限らない　　2　あるべきだろう
3　ないわけではない　　4　ないではおかない

5

1　グローバルな情報だ　2　正確な情報である
3　価値がないものだ　　4　内容に偏りもありうる

제10회
글의 문법

次の文章を読んで、 1 から 5 の中に入る最もよいものを、1・2・3・4から一つ選びなさい。

　インターネットによる DVD や CD の宅配レンタルサービスが急成長している。ネット上で借りたい作品を予約すると、それが自宅に配達されるというシステムだ。インターネットが広く普及した現代 1 のサービスである。これにはいくつかのプランがあり、毎月支払う金額によって、借りられる DVD や CD の枚数が決まる。見終わったら郵便ポストに返却すればよいので、楽でもあるし、延滞料金の発生を防ぐこともできる。このサービスを利用する会員は 30 代以上の人が 7 割を占めるという。 2 「自宅に届く」のが魅力で、会員は仕事や育児で忙しくて店舗に 3 という人が中心となっている。このサービスのおかげで、テレビの前に家族が集まる時間が増したという家庭も少なくないことは、想像に 4 。

　このサービスを提供している T 社は、顧客(こきゃく)の要望に的確に対応することが宅配レンタル事業の成長につながると考え、その仕組みを作り上げた。仕組みの柱となるのは顧客である会員へのサービスの拡充である。メールなどで寄せられる会員の要望や苦情をカテゴリー別に分類し、それを担当部門の会議で検討する。退会する会員にはその理由を聞き、部内にフィードバックしている。 5 顧客の満足を売り上げ増につなげる新サービスを開発しているのだ。

1
1　であるなら　　　　2　ならでは
3　かぎり　　　　　　4　ばかり

2
1　しかしながら　　　2　ともあれ
3　なんといっても　　4　それにしても

3
1　行こうにも行けない
2　行こうにも行かない
3　行きたいにも行けない
4　行きたいにも行かない

4
1　極まりない　　　　2　かたくない
3　あたらない　　　　4　禁じ得ない

5
1　これから始まる新しい仕組みによって
2　売り上げを増やすことよりも
3　何より会員の声を基本にして
4　会員の退会の理由を知るために

저자 소개

문제작성＋해설

　　星野　恵子：拓殖大学日本語教育研究所講師
　　辻　和子：ヒューマンアカデミー日本語学校東京校教務主任

문제작성

　　青柳　恵
　　小座間 亜依
　　桂　美穂
　　高田　薫
　　高橋　郁
　　横山 妙子

번역

　　徐　希姃 (서희정)

따로 분리해서 사용할 수 있습니다

N1

일본 UNICOM과 독점 라이센스
新 **일본어능력시험**

파트별
실전적중
문제집

호시노 케이코 · 츠지 카즈코 지음

문법

★ 합격의 지름길은 무엇보다도 문제를 많이 풀어보는 것!
  실제 시험에 나올 10회 이상분의 N1 문법 문제가 가득!
★ 파트별로 문제가 구성되어 있어 집중적으로 학습 가능!
★ 별책 정답과 문제의 해설(힌트와 풀이방법)을 통해 확실하게
  실력 다지기!

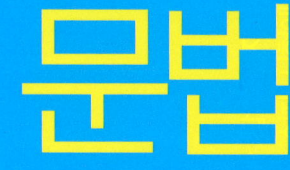

〈접속〉제시의 예

[동사]

예 「行く」

【보통형】 行く ／ 行かない ／ 行った ／ 行かなかった

【사전형】 行く　　【ます형】 行き(ます)　　【て형】 行って　　【た형】 行った

【가능형】 行ける　【ない형】 行か(ない)　　【「〜ている」형】 行っている

【의지형】 行こう　【ば형】 行けば

[い형용사]

예 「大きい」

【보통형】 大きい ／ 大きくない ／ 大きかった ／ 大きくなかった

【〜い】 大きい　　【〜くない】 大きくない　　【〜かった】 大きかった

【ば형】 大きければ

[な형용사]

예 「きれい」

【보통형】 きれいだ ／ きれいではない ／ きれいだった ／ きれいではなかった

【〜で】 きれいで　【〜である】 きれいである

【〜であった】 きれいであった　【〜な】 きれいな　【〜】 きれい

【ば형】 きれいならば

[명사]

예 「学生」

【명사】 学生　　【〜】 学生　【〜の】 学生の

【보통형】 学生だ ／ 学生ではない ／ 学生だった ／ 学生ではなかった

【〜で】 学生で　【〜である】 学生である　【〜であった】 学生であった

예 「A＝동사／い형용사 보통형」

＝ A에는 <동사의 보통형>과 <い형용사의 보통형>이 들어간다

예 「A＝동사 사전형／가능형」

＝ A에는 <동사의 사전형>과 <동사의 가능형>이 들어간다

문법 정답과 해설

문장의 문법 1

제 1 회

1 정답 4

こちらの窓口では、製品に関する重要なお知らせをご案内させていただいております。 이쪽 창구에서는 제품에 관한 중요한 알림을 안내하고 있습니다.

POINT ＜ご〜させていただく＞

접속 [(私は)（あなたに）A させていただく]
A＝명사(동작을 나타내는 한자 숙어 예 連絡 연락, 通知 통지, 報告 보고 등)

의미 「A하다」(겸양어)

사용법 「お会いしてご相談させていただきたいと思います。よろしくお願いします」

⚠ 「당신에 대해서」가 아닌, 단지 자신의 동작만에 대해 겸손하게 말하는 경우는 「ご」가 없는 형태 「〜させていただく」를 쓴다.
예「残念ですが、送別会は欠席させていただきます」

2 정답 2

いくら良いマンションだと勧められても、家賃が月30万円もするのでは我々のごとき庶民に借りられるはずがない。 아무리 좋은 맨션이라고 추천을 받아도, 집세가 월 30만 엔이나 한다면 우리와 같은 서민이 빌릴 수 없다.

POINT ＜ごとき＞

접속 [AごときB] A＝명사 B＝명사

의미 「A와 같은 B」(A는 B의 예)

사용법 「おまえのごとき勝手な人間に人の苦しみがわかるものか」

⚠ 「AごときB(A와 같은B)」는 B를 비유하는 표현(예 花のごとき笑顔 꽃과 같이 웃는 얼굴) 그러나, 이 문제의 문장과 같이, A를 마이너스평가하는 것으로 예를 들게 되면, A를 명시하는 표현이 된다.

딱딱한 표현

3 정답 1

私がしたミスのために会社に損失を与えてしまった以上、責任を取らずにはすまないだろう。 내가 한 실수 때문에 회사에 손실을 입히고 만 이상, 책임을 지지 않으면 안 되겠지.

POINT ＜ずにはすまない＞ 참고 233

접속 [Aずにはすまない] A＝동사 ない형

의미 「A하지 않으면 안된다／A하지 않고는 끝나지 않는다」

사용법 「失礼なことを言って友人を傷つけてしまった。謝らずにはすまないだろう」

⚠ 「〜ずにはいられない」＝「〜하지 않고 있는 것은 불가능하다／〜하는 기분을 억누르는 것은 불가능하다」

4 정답 3

大学で数学を専攻している兄にひきかえ、私は数字に弱く、計算もまともにできない。 대학에서 수학을 전공하고 있는 형에 비해, 나는 수학에 약해서 계산도 제대로 못한다.

POINT ＜にひきかえ＞ 참고 128

접속 [AにひきかえB1は] A，B＝명사
[A1이 A2에 비해, B1이 B2]
A1，B1＝명사
A2＝명사＋な＋の, 동사 보통형＋の,
い형용사 [〜い]＋の, な형용사 [〜な]＋の

의미 「A와는 달리 B는／A와는 반대로 B는」(A, B는 비교하는 사람이나 사물. A와 B가 반대라는 것을 강조한다.)

사용법 「人口が増え続けているM町にひきかえ、N町は人口が減る一方だ」

5 정답 2

君一人が反対意見を言ったところで、会社の決定が変わるわけがないよ。 자네 한 사람이 반대 의견을 말해봤자, 회사의 결정이 변할 리가 없어.

POINT ＜たところで＞ 참고 89

접속 [Aたところで] Aた＝명사 た형

의미 「A해도 (안된다)」

사용법 「もう9時だ。今から行ったところで間に合わない。どうしよう」

6 정답 3

災害に見舞われた地域の、一日も早い復興を願ってやまない。 재해를 당한 지역의, 하루라도 빠른 부흥을 바라 마지않다.

POINT ＜てやまない＞　참고 112

접속 ［Aてやまない］ Aて＝동사 て형

의미 「강하게 A하다」(A는「願う」「祈る」「尊敬する」「愛する」등)

사용법 「山田社長は故郷を愛してやまなかった」

딱딱한 표현

7 정답 4

この店が存続できるかどうかは、今期の売上額いかんだ。 이 가게가 존속할 수 있을지 어떨지는 이번 시기의 매출액에 달려 있다.

POINT ＜いかんだ＞

접속 ［AはBいかんだ／BいかんでA］
　　A＝명사, 문장 +か/どうか　B＝명사

의미 「A는 B에 의해 결정된다」

사용법 「今度の試合に優勝できるかどうかは、田中選手の調子いかんだ」「今後の努力いかんで成功するかどうかが決まる」

⚠ 「いかん」＝「どうか／どのような状況か」(오래된 표현)

8 정답 1

机の上の理論より、実際の状況に即した解決法を探るべきだ。 책상 위의 이론보다, 실제 상황에 입각한 해결법을 찾아야 한다.

POINT ＜に即した＞　참고 205

접속 ［Aに即した］ A＝명사

의미 「A에 맞는／A에 맞춘」(A는 실제로 있는 것, 사정, 현상 등)

사용법 「被災地では、被害状況に即した援助が求められている 재해지에서는 피해상황에 맞는 원조를 원하고 있다.」
「時代に即した経営方法を考えるべきだ 시대에 맞는 경영방법을 생각해야만 한다.」

⚠ 「〜に則した」＝「규칙을 지켜」「규칙에 맞춰」「규칙에 따라」

9 정답 2

パーティーでは、最高級のご馳走が並び、まさに贅沢の極みだった。 파티에서는 최고급의 호화로운 식사가 늘어서 있고, 정말로 사치의 극이었다.

POINT ＜の極み＞　참고 43

접속 ［Aの極み］ A＝명사

의미 「최고로 A다」(A는「贅沢 사치」「感激 감격」「痛恨 통한」등의 정해진 단어가 오며, 그 수는 적다)

사용법 「私の不注意で事故を起こしたことは、痛恨の極みである」

딱딱한 표현

10 정답 2

彼は自分の夢を実現させんがために、家族を犠牲にした。 그는 자신의 꿈을 실현시키기 위해 가족을 희생했다.

POINT ＜んがため（に）＞　참고 106

접속 ［Aんがため(に)］
　　A＝동사 ない형 (「する」⇒「せんがため」)

의미 「A하기 위해」

사용법 「M選手は、ライバルに勝たんがために、禁止されている薬を使ってしまったという」「合格せんがために、彼女は睡眠時間を削ってがんばっている」

딱딱한 표현

제 2 회

11 정답 2

親友の君の頼みとあっては、断るわけにはいかないね。 친구인 자네의 부탁이라면 거절할 수 없겠네.

POINT ＜とあっては＞

접속 ［Aとあっては］
　　A＝동사／い형용사／な형용사 (현재형［〜］)보통형, 명사

의미 「A의 경우는／A라면」(「A는 특별하고 예외적」이라는 것을 나타낸다)

사용법 「父が来るとあっては、空港まで迎えに行かなくてはならないだろう」

12 정답 4

部屋が寒いなら、暖房をつけるなり、厚着をするなりしないと、風邪を引くよ。 방이 춥다면, 난방을 틀거나 두꺼운 옷을 입거나 하지 않으면 감기에 걸려.

POINT ＜なり、なり＞　참고 84

접속 ［A1 なり、A2 なり（する）］
　　A1, A2＝명사, 동사 사전형

의미 「A1 이라도 좋고, A2 라도 좋고, 그 이외라도 좋고」(A1, A2 는 같은 종류의 것으로 예를 들고 있다. A1, A2, 또는 그 외 중에서 적당한 한 개를 선택하는 것을 나타낸다)

[사용법] 「この仕事をするには中国語なりフランス語なり、英語以外にもう1つ外国語ができることが望ましい」

⚠ 「～とか、～とか(~라든가, ~라든가)」는 당순히 예를 나열하였을 뿐, 특별히「택하다」라는 의미는 포함되어 있지 않다.

13 정답 1
普段は親に反抗してばかりいても、一度一人暮らしをすれば、親のありがたさに気付こうというものだ。 보통은 부모에게 반항만하더라도, 한번 혼자 생활을 한다면 부모의 고마움을 깨닫는 것이 일반적이다.

POINT ＜（よ）うというものだ＞
- [접속] [A（よ）うというものだ。] A＝동사 의지형
- [의미] 「(A하는)것이 보통이다／일반적이다」「누구라도 모두 (A한다)」
- [사용법] 「たとえ自分の国が好きではなくても、外国へ行けば、自分の国の良い点が見えてこようというものだ」

딱딱한 표현

14 정답 2
日本にいる間に一度歌舞伎を見に行きたいと思っていたが、結局行かずじまいだった。 일본에 있는 동안에 한번 가부키를 보러 가고 싶었지만, 결국 가지 못했다.

POINT ＜ずじまい＞
- [접속] [A ずじまい] A＝동사 ない형
- [의미] 「A(하지)않았다／(하지)않고 끝나버렸다」(하지 않고／하지 못해 아쉽다는 뉘앙스가 있다)
- [사용법] 「今日は一日中忙しくて、夕方まで何も食べずじまいだった」「計画は立てたが、やらずじまいで終わってしまった」

15 정답 2
桜並木のそばには、「枝を折るべからず」と書かれた立て看板が並んでいる。 벚꽃 가로수의 옆에는「가지를 꺾지 말 것」이라고 쓰여진 입간판이 늘어서 있다.

POINT ＜べからず＞ 참고 100
- [접속] [Aべからず] A＝동사 사전형
- [의미] 「A해서는 안된다」
- [사용법] 「無断で部屋に入るべからず」

⚠ 금지사항을 전달하는 게시물에 사용한다.

딱딱한 표현

16 정답 3
この1か月間、残業に次ぐ残業で、彼は家族と顔を合わせる時がほとんどなかった。 이 한달 간, 잔업에 이은 잔업으로 그는 가족과 만날 시간이 거의 없었다.

POINT ＜～に次ぐ～＞
- [접속] [A に次ぐ A] A＝명사(동작의 의미를 갖는 명사)
- [의미] 「A가 계속된다」(계속되는 것을 강조한다)
- [사용법] 「サッカーのワールドカップは熱戦に次ぐ熱戦で、毎日テレビの前から離れられなかった」「家を新築したら、週末は来客に次ぐ来客で、妻は大忙しだ」

17 정답 2
このようなすばらしい賞をいただき、俳優として光栄の至りです。 이런 훌륭한 상을 받게 되어, 배우로써 더 없는 영광입니다.

POINT ＜の至り＞ 참고 31
- [접속] [Aの至り] A＝명사
- [의미] 「매우 A다」(A는「感激 감격」「光栄 영광」「若気 젊은 혈기」등)
- [사용법] 「努力が実って優勝できたことは、感激の至りです」

⚠ 「若気の至り」
= 「젊기 때문에 일어난 일(실패담 등 좋지 않은 일)」예) 学生のころの私は、若気の至りで周りに対する気配りを欠いていた 학생시절의 나는 젊은 혈기 탓에 주변에 대한 배려가 없었다」

18 정답 4
数学が得意な彼にして解けない問題なのだから、計算さえ苦手な私にできるはずがない。 수학에 뛰어난 그조차도 풀지 못하는 문제니까, 계산조차 서툰 내가 가능할 리 없다.

POINT ＜にして＞ 참고 81
- [접속] [Aにして～（ない）] A＝명사
- [의미] 「A 라도(할 수 없다)」(A는 능력이 있는 사람, 물건, 기관 등「A와 같이 능력이 뛰어난 사람(사물)이라도 어렵기 대문에 다른 사람(사물)은 불가능하다」라는 의미를 나타낸다)
- [사용법] 「これは、手術の神様と呼ばれるM医師にして成功の確率は数パーセントという難しい手術だ 이 수술은 수술의 신이라고 불리는 M 의사조차도 성공의 확률이 몇 퍼센트 안되는 어려운 수술이다」

19 정답 3
申請書には本人ないし代理人の署名が必要です。
신청서에는 본인 또는 대리인의 서명이 필요합니다.

POINT **＜ないし＞**
- 접속 ［A ないし B］ A, B＝명사
- 의미 「A나／또는／혹은 B」
- 사용법 「この番組についてのご意見は、ファックス**ないし**電子メールでお寄せください」「製品の原料はＳ社**ないし**Ｔ社から購入することになっている」

⚠ 문어체나 정중한 말투로 사용된다.

20 정답 2
人の物をだまって持ってきてはいけないことぐらい、子どもですら知っている。 남의 물건을 속여서 가져와서는 안 된다는 것쯤은 어린애조차도 알고 있다.

POINT **＜ですら＞**
- 접속 ［Aですら］ A＝명사
- 의미 「A라도」(A는 특별한 예. 「A의 경우도 ~ 이므로, 당연히 다른 경우도 ~다」라는 의미를 나타낸다)
- 사용법 「父は自分が難しい病気であることをだれにも言わなかった。母**ですら**、そのことを知らなかった」

제 3 회

21 정답 2
なにぶん田舎のこととて、大した料理もございませんが、どうぞ召し上がってください。 아무래도 시골이라서 이렇다 할 요리도 없습니다만, 드십시오.

POINT **＜こととて＞** 참고 194
- 접속 ［Aこととて］ A＝동사／い형용사 보통형, な형용사 ［~な］, 동사 ない형+ぬ, 명사 ［~の］
- 의미 「A이므로」(A는 좋지 않은 것의 이유)
- 사용법 「子供のした**こととて**、どうかお許しください」「慣れぬ**こととて**、失礼をいたしました。お許しください」

⚠ 용서를 구할 때 사용하는 격식을 차린 표현.

22 정답 1
M氏は作家にして画家、そして俳優としても活躍するマルチタレントだ。 M 씨는 작가이자 화가, 그리고 배우로서도 활약하는 다재다능한 탤런트이다.

POINT **＜にして＞** 참고 282
- 접속 ［A にして B］ A, B＝명사 (직업이나 입장을 나타내는 말)
- 의미 「A이고 동시에 B이기도 하다」
- 사용법 「彼女は３児の母**にして**弁護士でもある」

23 정답 2
今年は姉の出産、弟の就職、そして私の結婚と、我が家にとってめでたいことずくめの一年だった。
올해는 언니의 출산, 남동생의 취직, 그리고 내 결혼으로 우리 집에게 있어 축하할 일투성이의 한 해였다.

POINT **＜ずくめ＞** 참고 86
- 접속 ［Aずくめ］ A＝명사
- 의미 「전부 A다／A로 가득하다」(A는「黒 검정」「ごちそう 맛있는 음식」「いいこと 좋은 일」「規則 규칙」 등)
- 사용법 「先月中国を旅したが、ごちそう**ずくめ**の旅行だった」「市民プールは規則**ずくめ**で泳ぎを楽しめない」

24 정답 2
インターネットの進化はとどまるところを知らない。
인터넷의 진화는 멈출 줄 모른다.

POINT **＜とどまるところを知らない＞**
- 접속 ［A は とどまるところを知らない］
  ［A は とどまるところを知らず、B］ A＝명사 B＝문장
- 의미 「점점 진행되어／높아져 끝이 없다」
- 사용법 「人の欲望はどんどん増大して、**とどまるところを知らない** 사람의 욕망은 계속해서 커져가, 멈출 줄 모른다」
「皇帝の勢力は**とどまるところを知らず**、ヨーロッパからアジアにわたる大帝国が築かれた 황제의 세력은 멈출 줄 모르고, 유럽에서 아시아에 걸친 대제국을 쌓아올렸다」

딱딱한 표현

25 정답 2
豪華客船で世界一周の旅に出るなんて、うらやましいかぎりだ。 호화 객선으로 세계 일주 여행을 한다니, 부러울 뿐이다.

POINT **＜かぎりだ＞** 참고 165
- 접속 ［Aかぎりだ］ A＝い형용사 ［~い］
- 의미 「매우 A다」(A는 감정을 나타내는 형용사)

(사용법)「暗い山道を1人で歩いていかなければならない。心細い**かぎりだ**」

26 정답 1

台風の接近**が幸いして**、この地方の水不足が解消した。 태풍의 접근 덕분에 이 지방의 물 부족이 해소됐다.

POINT ＜が幸いして＞

(접속) ［A が幸いして］ A＝명사

(의미) 「운좋게 A 덕분에」

(사용법)「夏の高温と適度の降雨**が幸いして**、今年の米は豊作だった」「留学経験**が幸いして**、妹は一流商社に就職できた」

27 정답 3

俳優のKはモデル出身だけあって、顔**といい**、スタイル**といい**、立っているだけで絵になる。 배우인 K는 모델 출신답게, 얼굴도 좋고 스타일도 좋고 서 있는 것만으로 그림이 된다.

POINT ＜といい、といい＞ 참고 56

(접속) ［Aといい、Bといい］ A, B＝명사

(의미)「A에서 봐도 B에서 봐도／A도 B도」

(사용법)「木田さんの息子さんは声**といい**、話し方**といい**、お父さんにそっくりなので、電話だと間違えてしまう」

28 정답 3

うちの息子は大学に合格し**てからというもの**、毎日遊んでばかりいる。困ったものだ。 우리 아들은 대학에 합격하고부터는, 매일 놀기만 한다. 정말 곤란하다.

POINT ＜てからというもの＞ 참고 249

(접속) ［Aからというもの］ A＝동사 て형

(의미)「A하고 나서」(A의 앞과 뒤에 변화가 있던 것을 강조한다)

(사용법)「学生のころはよく遅刻をしたが、仕事を始め**てからというもの**は一度も遅刻をしていない」

29 정답 3

被災した人々には、ただ物質面**のみならず**、精神面の援助も必要だ。 재해를 당한 사람들에게는, 단지 물질적인 면뿐만 아니라, 정신적인 면의 원조도 필요하다.

POINT ＜のみならず＞ 참고 142

(접속) ［Aのみならず］
A＝동사 사전형, い형용사［〜い］,
な형용사［〜である］, 명사［〜］［〜である］

(의미)「A뿐만 아니라」

(사용법)「子供**のみならず**大人もゲームに熱中している」
딱딱한 표현

30 정답 1

円高のせいで、日本の物価は外国人にとって以前**にもまして**高く感じられる。 엔고 현상 때문에, 일본의 물가는 외국인에게 있어 이전보다 더 비싸게 느껴진다.

POINT ＜にもまして＞ 참고 126

(접속) ［Aにもまして］
A＝동사 사전형／い형용사［〜い］／
な형용사［〜な］+の／こと, 명사［〜］

(의미)「A도 그렇지만, 게다가」

(사용법)「この車はデザインが美しいの**にもまして**、性能が優れている」「景気が悪化していること**にもまして**、失業率が高いことが問題だ」

⚠️ 「以前**にもまして**(이전보다도 더)」는 관용적인 표현으로 잘 사용된다.

제4회

31 정답 2

こうして宮中に招かれて天皇陛下にお目にかかれたことは、光栄**の至り**です。 이렇게 궁중에 초대받아 천황폐하를 만나 뵙게 되다니 다시없는 영광입니다.

POINT ＜の至り＞ 참고 17

32 정답 2

今日の試合**を限りに**、彼女は選手生活から引退することになった。 오늘 시합을 끝으로 그녀는 선수생활을 은퇴하게 되었다.

POINT ＜を限りに＞ 참고 201

(접속) ［Aを限りに］ A＝명사, 동사 사전형／た형+の

(의미)「A가 마지막으로／A하는 것이 마지막으로」(A는 최후의 시점을 나타낸다. 계속 하고 있던 것이 끝나는 것을 나타낸다)

(사용법)「次回の展覧会**を限りに**、私たちのサークルは解散します」

33 정답 2
決してあきらめることなく病気と闘う彼女の姿は、周囲の人の心を動かさずにはおかなかった。
결코 포기하지 않고 병과 싸우는 그녀의 모습은, 주위 사람들의 마음을 움직이게 만들었다.

POINT ＜ずにはおかない＞ 참고 259
- 접속 [AずにはおかないＡ＝동사 ない형
- 의미 「반드시 A하다」(A는 감정을 나타내는 동사나 감정에 따라 일어나는 행동)
- 사용법 「親子の愛を描いたこの映画は、人々を感動させずにはおかないだろう」

34 정답 3
親切すぎるのは、迷惑以外の何ものでもない。
너무 친절한 것은 정말로 민폐다.

POINT ＜以外の何ものでもない＞
- 접속 [A以外の何ものでもない] A＝명사
- 의미 「절대로／틀림없이／정말 A다」(강조의 표현)
- 사용법 「これは一個人の問題ではなく、社会問題以外の何ものでもない」

35 정답 2
こんなにひどい吹雪では、登山を続けようにも続けられない。 이렇게 심한 눈보라에서는 등산을 계속하려고 해도 계속할 수 없다.

POINT ＜～うにも～ない＞ 참고 297
- 접속 [A(よ)うにもBない]
  A(よ)う＝동사 의지형　B＝동사 가능형(부정형)
- 의미 「A하려고 생각해도 할 수 없다」
- 사용법 「食事をしようにも、もうレストランはどこも閉まっていて何も食べられなかった」

36 정답 4
女優たる者、常に周囲から注目されていることを忘れてはならない。 여배우의 지위에 있는 사람은 항상 주위에서 주목을 받고 있다는 것을 잊어서는 안 된다.

POINT ＜たる＞ 참고 166
- 접속 [Aたる] A＝명사　「Aたる者」의 형태가 많다
- 의미 「A라는 입장에 있는 사람은(…해야한다)」(A는 뛰어난 입장에 있는 사람이나 기관)
- 사용법 「教師たる者、常に生徒の模範となるよう心がけるべきだ」「医者たる者がそんな不健康な生活をしていてはいけない」

⚠ 강한 말투
딱딱한 표현

37 정답 2
彼には仕事をやる気があるとは思えない。遅刻をする、書類は忘れる、その上、会議中に居眠りをして社長に怒鳴られるしまつだ。 그에게는 일할 마음이 있다고 생각할 수 없다. 지각하고, 서류는 잊고, 게다가 회의 중에 졸아서 사장에게 야단맞는 꼴이다.

POINT ＜しまつだ＞ 참고 257
- 접속 [Aしまつだ] A＝동사 사전형
- 의미 「A라는 곤란한 상황이다」(A는 좋지 않은 것을 해서 일어난 나쁜 상황)
- 사용법 「妹は、さんざん親を心配させ、その上家出までするしまつだ」

⚠ 곤란한 상황을 비난하는 표현

38 정답 4
プロポーズのために高い指輪を買っても、相手が受け取ってくれなければそれまでだ。 프러포즈를 위해 비싼 반지를 사도, 상대방이 받아주지 않는다면 끝이다.

POINT ＜ばそれまでだ＞ 참고 73
- 접속 [Aばそれまでだ]
  Aば＝명사 [～であれば], 동사 ば형, い형용사 [～ければ], な형용사 [～ならば] [～であれば]
- 의미 「A하면 그것으로 끝이다／A라면 그것으로 끝이다」
- 사용법 「がんばって店を開いても、客が来なければそれまでだ」

39 정답 2
親の心配を知ってか知らずか、彼女は無茶なことばかりしている。 부모의 걱정을 아는지 모르는지, 그녀는 터무니없는 짓만 하고 있다.

POINT ＜知ってか知らずか＞
- 접속 [A を 知ってか知らずか B] A＝명사, B＝문장
- 의미 「아는지 모르는지」(「모르는지」의 의미가 강하다)
- 사용법 「僕の気持ちを知ってか知らずか、彼女は複数の男性と付き合っているようだ」

40 정답 3
この会社に入社すると、いやおうなしに英語の研修を受けさせられる。 이 회사에 입사하면 강제적으로 영어 연수를 받아야만 한다.

POINT ＜いやおうなしに＞

접속 ［いやおうなしに A］ A＝동사 문장

의미 「강제적으로」

사용법 「昔の女性は親が決めた男性と**いやおうなし に**結婚しなければならなかった」

⚠ 문말은 「사역수동형」이나 「～(し)なければならない」 「～(せ)ざるをえない」가 많다.

41 정답 3

現代の日本人は、生活の豊かさ**ゆえに**、物を大切にしない傾向がある。 현대의 일본인은 생활의 풍요로움 때문에 물건을 소중히 하지 않는 경향이 있다.

POINT ＜ゆえ＞ 참고 103

접속 ［A (が) ゆえ／ゆえに／ゆえの］
　　A＝동사／い형용사／な형용사 (현재형［～である］) 보통형 (+が), 명사 ［～］［～である］

의미 「A가 원인으로／A이므로」(A는 원인, 이유를 나타낸다)

사용법 「貧しいが**ゆえ**、教育を受けられない子どもがいる」「若さ**ゆえ**の過ちとはいえ、許すわけにはいかない 젊어서 한 실수라 하더라도, 용서할 수는 없다」

딱딱한 표현

42 정답 2

子供**ではあるまいし**、やっていいことと悪いことの区別ぐらいつくはずだ。 어린애도 아니고, 해도 좋은 것과 나쁜 것의 구별 정도는 할 수 있을 것이다.

POINT ＜ではあるまいし＞ 참고 296

접속 ［Aではあるまいし］ A＝명사

의미 「A가 아니므로」

사용법 「機械**ではあるまいし**、休みもとらないで働くなんてことはできない」

43 정답 3

尊敬する教授にお会いして、著書にサインまでいただけるとは、感激**の極み**だ。 존경하는 교수님을 뵙고 저서에 사인까지 받다니, 감격의 끝이다.

POINT ＜の極み＞ 참고 9

딱딱한 표현

44 정답 1

息子は、勉強も**そっちのけ**で毎日暗くなるまでサッカーの練習をやっている。 아들은 공부도 소홀히 하고 매일 늦게까지 축구 연습을 하고 있다.

POINT ＜そっちのけ＞

접속 ［A (は／も／を) そっちのけだ］
　　［A は／も／を そっちのけにする］ A＝명사

의미 「무시하다／경시하다／생각하지 않다」

사용법 「彼は仕事一筋で、家族は**そっちのけ**にしている」「あの人は自分自身のことは**そっちのけ**でボランティア活動に没頭している」

45 정답 2

このラジオ番組の司会者は、毎週千通**からある**リクエストのはがきの全部に目を通すそうだ。 이 라디오 방송의 사회자는 매주 천 통 이상이나 하는 요청 엽서를 훑어본다고 한다.

POINT ＜からある＞ 참고 60

접속 ［Aからある］ A＝명사 (수나 양을 나타내는 말)

의미 「A이상 있다／적어도 A는 있다」

사용법 「男たちは80キロ**からある**荷物を担いで険しい山を登って行った」

⚠ 가격인 경우는 「からする」를 사용한다. 예 「彼の時計は50万円**からする**ブランドのものだ」 그의 시계는 50 만엔이상 하는 브랜드 제품이다

46 정답 1

彼は我が校**きっての**秀才で、成績はいつもトップだ。 그는 우리 학교 최고의 수재로, 성적은 항상 톱이다.

POINT ＜きっての＞

접속 ［A きっての］ A＝명사

의미 「(그 중에서) 가장 뛰어나다」

사용법 「Sさんは、当社**きっての**英語の名手だ S 씨는 당사에서 가장 뛰어난 영어의 명수다」

47 정답 2

彼女はいつも**ながら**のやさしい笑顔で私たちを迎えてくれた。 그녀는 언제나 상냥한 미소로 우리들을 맞이해 주었다.

POINT ＜ながら＞

접속 ［Aながら］ A는 명사가 많다

의미 「A와 같은 상태인채로」

사용법 「久しぶりに帰った故郷の村には昔**ながら**の景色が変わらずに残っていた」「彼は生まれ**ながら**に強い身体を持っている」

48 정답 3
彼は、どんなに辛くても決して弱音を吐いたりしない強い心をもっている。 그는 아무리 괴로워도 결코 나약한 소리를 하지 않는 강한 마음을 갖고 있다.

POINT <たりしない>

- 접속 [A たりしない] A=동사 た형
- 의미 「A와 같은 것은 절대로 하지 않다/절대로 A (하지) 않다」(「하지 않다」라는 의미를 강조한다)
- 사용법 「受験生の皆さん、試験の前は、風邪を引い**たりしない**ように十分注意してください」
「どんなに辛くても途中であきらめ**たりしない**と自分の心に誓った」

49 정답 4
地震のニュースが流れるや否や、被災地の家族や知人と連絡をとる電話が殺到して、電話がかかりにくくなった。 지진 뉴스가 흐르자마자, 피재지의 가족이나 지인과 연락을 하는 전화가 쇄도해서, 전화를 걸기 어려워졌다.

POINT <や否や> 참고 99

- 접속 [Aや否やB] A=동사 사전형
- 의미 「A가 일어나면, 바로 B가 일어난다」
- 사용법 「人気グループのコンサート会場では、開場する**や否や**何時間も前から待っていた人たちが場内に走り込んだ」

50 정답 1
昨日まで父はとても元気でした。それが、今朝急に具合が悪くなったんです。 어제까지 아버지는 굉장히 건강했습니다. 그런데 오늘 아침 갑자기 상태가 나빠진 겁니다.

POINT <それが>

- 접속 [A。それが、B] A,B=문장
- 의미 「그런데/그렇지만」
- 사용법 「間に合うと思っていました。**それが**、電車が遅れて、こんなに遅くなってしまいました。すみません」

제 6 회

51 정답 2
最近の映画には、映画館に足を運んで鑑賞するにたえるものがないと父は嘆く。 최근 영화중에는 영화관에 직접 가서 감상할 만한 영화가 없다고 아버지는 한탄한다.

POINT <にたえる> 참고 227

- 접속 [Aにたえる] A=동사 사전형, 명사
- 의미 「A할 가치가 있다」(A는「評価 평가」「使用 사용」「鑑賞 감상(하는)」등)
- 사용법 「本屋には雑誌が数多く並んでいるが、わざわざ買って読む**にたえる**ようなものは、ごくわずかしかない」

52 정답 3
このレストランの料理は、おいしいのはもちろんのこと、盛り付けも美しくて、芸術的ですらある。 이 레스토랑의 요리는 맛있는 것은 물론이고 음식을 먹음직스럽게 담아서, 예술적이라고까지 말할 수 있다.

POINT <ですらある>

- 접속 [A ですらある] A=な형용사
- 의미 「A라고까지 말할 수 있다」(「A다」를 강하게 강조하는 말투)
- 사용법 「一度は命も危ぶまれたが、彼女のその後の回復ぶりは実に奇跡的**ですらある** 한때는 목숨도 위태로웠지만, 그녀의 그 후 회복상태는 실로 기적이라고까지 말할 수 있다」

딱딱한 표현

53 정답 1
けんちゃん、これ、おいしいから食べてごらん。 켄 짱, 이거 맛있으니까 먹어 보렴.

POINT <てごらん/てごらんなさい>

- 접속 [A てごらん/ごらんなさい] A=동사 て형
- 의미 「A (해)봐/(해)봐라」(권유)
- 사용법 「ほら、あそこに虹が出ているよ。見**てごらん**」「先生に聞い**てごらんなさい**」

⚠ 「てごらん」은 허물없는 표현이므로 가족이나 매우 친한 사람에게 쓴다. 「てごらんなさい」도 윗사람에게는 사용하지 않는다.

54 정답 3
商品の送料は弊社が負担いたします。 상품의 송료는 우리 회사가 부담하겠습니다.

POINT <弊社>

- 의미 「当社/わが社/うちの会社 저희 회사」(겸양어. 자신의 회사를 낮춰서 말하는 표현)
- 사용법 「**弊社**の来年度採用予定は20人です 저희 회사의 내년도 채용예정은 20명입니다」

⚠ 상대방의 회사를 부르는 경어(존경어)는 「御社」

55 정답 1
彼はとても冷静なのだが、人からは消極的に見られるきらいがある。 그는 굉장히 냉정하지만, 남에게는 소극적으로 보여지는 경향이 있다.

POINT <きらいがある>　참고 225
- 접속 [Aきらいがある] A＝동사 사전형, 명사 [〜の]
- 의미 「A 하는 경향이 있다」(A는 좋지 않은 것)
- 사용법 「わが社の人事は男性社員優先の**きらいがある**」「彼の話は自慢話になる**きらいがある**」
- ⚠ 「〜がちだ」는 행동의 횟수가 많음을 나타내고, 「〜きらいがある」는 성질 등의 전체적인 경향을 나타내는 문어적인 표현.

56 정답 4
山田さんは、判断力といい、行動力といい、リーダーにふさわしい人物だ。 야마다 씨는 판단력도 좋고 행동력도 좋고 리더에 적합한 인물이다.

POINT <といい、といい>　참고 27

57 정답 2
私たちが多少なりとも地域の皆様のお役に立てば、幸いに思います。 우리들이 조금이라도 지역 여러분에게 도움이 된다면, 다행으로 생각합니다.

POINT <なりとも>
- 접속 [A なりとも] A＝명사
- 의미 「적어도 A 로 좋으니까」「A 여도 좋으니까」
- 사용법 「車は無理だが、せめてバイク**なりとも**買いたいと思って貯金をしている」「危ないところを助けていただいて、ありがとうございました。お差し支えなければ、お名前**なりとも**教えていただけないでしょうか」
- ⚠ ◇ 「〜たい/ほしい」 등 화자의 바람이나 희망을 나타내는 문장이 많다.
  ◇ 「多少なりとも」는 「비록 적더라도」라는 의미로, 관용적인 표현으로서 자주 쓰인다.
  ◇ 「せめて〜なりとも」의 형태도 자주 쓰인다. 「せめて」는 「충분하지 않아도, 적어도」라는 의미.

58 정답 1
この報告書は、長年にわたる入念な調査をふまえて書かれたものである。 이 보고서는 장년에 걸쳐 공을 들인 조사를 근거로 쓰인 것이다.

POINT <をふまえて>
- 접속 [A をふまえて／踏まえて] A＝명사
- 의미 「A에 근거해서／A를 고려해서」
- 사용법 「議案は、現在の状況**をふまえて**決定されるべきだ」「この結論は事実**をふまえて**出されたものではない」

59 정답 3
副社長は社長に次いで地位の高い役職である。 부사장은 사장에 이어 지위가 높은 직위이다.

POINT <に次いで>
- 접속 [(〜は) A に次いで] A＝명사
- 의미 「A에 이어／의 뒤에」
- 사용법 「インドは中国**に次いで**人口の多い国である」「筆記試験**に次いで**面接試験が行われる」

60 정답 1
毎日 300 万人からの人が新宿駅を利用するという。 매일 300 만 명 이상 되는 사람이 신주쿠 역을 이용한다고 한다.

POINT <からの>　참고 45
- 접속 [Aからの] A＝명사(수나 양을 나타내는 말)
- 의미 「A이상 있다／적어도 A는 있다」
- 사용법 「彼女は 80 キロ**からの**荷物を軽々と持ち上げた」
- ⚠ 가격인 경우는 「からする」를 사용한다.

제 7 회

61 정답 2
「ごめんね」と言うつもりだった。でも、彼が帰ってしまったので言いそびれてしまった。 "미안해"라고 말할 생각이었다. 하지만, 그가 돌아가 버려서 말할 기회를 놓치고 말았다.

POINT <そびれる>
- 접속 [Aそびれる] A＝동사 ます형
- 의미 「A하려고 생각했지만, 기회를 잃어서 할 수 없다」
- 사용법 「母に連絡しようと思っていたのに、忙しくて電話をし**そびれた**」「昨夜は友人と話していて、気がついたら夜が明けていた。結局寝**そびれて**しまった」

62 정답 1
貧困をものともせずに、たくましく生きる子供達の姿を追ったドキュメンタリー映画が公開される。 빈곤에도 아랑곳하지 않고, 씩씩하게 살아가는 아이들의 모습을 담은 다큐멘터리 영화가 공개된다.

POINT ＜をものともせずに＞ 참고 109

- 접속 [Aをものともせずに] A=명사
- 의미 「A를 문제로 하지 않고／A를 신경쓰지 않고」
- 사용법 「遭難救助隊の人々は、激しい風雨をものともせずに山を登って行った」

딱딱한 표현

63 정답 4
ここまで騒ぎが大きくなってしまっては、責任者のあなたがこの問題について「知らない」ではすまされないでしょう。 여기까지 소동이 커져 버렸으니, 책임자인 당신이 이 문제에 대해 모른다고 해도 해결되지는 않잖아요.

POINT ＜ではすまされない＞

- 접속 [Aではすまされない] A=문장
- 의미 「A라고 말해서 끝낼 수는 없다／A라고 말만 해서는 안 된다」
- 사용법 「これほどの損害を与えているのですから、『ごめんなさい』だけではすまされませんよ。賠償(ばいしょう)していただきましょう」

64 정답 1
特に用事があったわけではなく、ひまだったから来てみたまでのことです。 특별히 용무가 있어서가 아니라, 한가해서 와 봤을 뿐입니다.

POINT ＜まで(のこと)だ＞ 참고 131 148

- 접속 [Aまで(のこと)だ] A=동사 た형
- 의미 「A했을 뿐이다」(「A는 특별한 것이 아니다」라는 기분을 나타낸다)
- 사용법 「聞(の)き逃したところを確認したまでのことです。問題はありません」

⚠ A가 사전형 또는 ない형인 경우는, 「Aまで(のこと)だ」는 많일 의 경우 대응책이 있다는 것을 나타낸다. 예)「大丈夫。失敗したらもう一度やりなおすまでのことだ。 괜찮아. 실패하면 한번 더 다시 하면 된다」

65 정답 2
幼稚園の庭から子ども達のいかにも楽しげな声が聞こえてきた。 유치원 정원에서 아이들의 매우 즐거워하는 듯한 목소리가 들려왔다.

POINT ＜いかにも＞

- 접속 [いかにもAそう／げ] A=형용사
  [いかにも Aらしい] A=명사
- 의미 「정말로／참으로／굉장히」
- 사용법 「いかにも得意そうな／得意げな 表情」「いかにも満足そうに／満足げに 笑う」「いかにも彼女らしいやり方だ」

⚠ 「いかにも」는 모습을 나타내는 「〜そう／げ」「〜らしい」를 강조하는 표현

66 정답 3
「絶対に10キロやせる」と宣言した手前、ダイエットを成功させないわけにはいかない。 「반드시 10 킬로 뺀다」고 선언한 체면상 다이어트를 성공시키지 않을 수 없다.

POINT ＜手前(てまえ)＞

- 접속 [A手前] A=동사 보통형／동사 「〜ている」형, 명사 [〜の]
- 의미 「A니까, 체면이 있으니까(반드시 그렇게 하지 않으면 안 된다)」
- 사용법 「友人たちに『たばこをやめたほうがいいよ』と言っている手前、自分も吸うわけにはいかない」「子供の手前、親はいつもきちんとした生活態度を見せるようにしたい」

67 정답 2
出席者の意見はまだ出尽くしていない。今後も議論を続ける余地がある。 출석자의 의견은 아직 다 나오지 않았다. 앞으로도 의논을 계속할 여지가 있다.

POINT ＜余地(よち)がある＞

- 접속 [A余地がある] A=동사 사전형, 명사 [〜の]
- 의미 「아직 A할 수 있는 부분이 남아 있다／가능성이 있다」
- 사용법 「新製品を使用してみたところ、不具合が見つかった。まだまだ改善の余地がある 신제품을 사용해본 결과, 결함이 발견되었다. 아직 개선의 여지가 있다」

⚠ 「余地がない(여지가 없다)」는 「(〜が)まったくない(〜이／가 전혀 없다)」의 의미로 사용된다. 예)「証拠がそろっているのだから、あの男が犯人であることの疑いの余地がない 증거가 갖춰져 있으니, 저 남자가 범인임에 의심의 여지가 없다」

68 정답 2
英語の勉強をかねて、大好きなビートルズの歌の歌詞を覚えた。 영어 공부를 할 겸, 좋아하는 비틀즈의 노래 가사를 외웠다.

POINT ＜をかねて＞
- 접속 [Aをかねて（兼ねて）B（する）] A＝명사
- 의미 「A도 합쳐서, B(하는)」(B에 두 가지의 의미나 목적이 있다)
- 사용법 「観光をかねて、１週間ほど市場調査の旅をしてきました」

⚠ 「～(し)かねて」(～(し)かねる)와는 의미가 다르다. 예)「本当のことを言い出しかねて、だまっていた」＝「本当のことを言えなくて、だまっていた 사실을 말할 수 없어, 가만히 있었다」

69 정답 3
私は人の名前を覚えるのが苦手で、聞いたそばから忘れてしまう。 나는 사람 이름을 외우는 것이 서툴러서, 들은 즉시 잊어버리고 만다.

POINT ＜そばから＞ 참고 281
- 접속 [Aそばから] A＝동사 사전형／た형
- 의미 「A해도 바로」
- 사용법 「この商品は人気があって、店においたそばから売れていく」

⚠ 한번만이 아니라, 몇번이고 그러한 일이 일어나는 상황

70 정답 1
スタッフ全員の協力なしにこの大事業を成功させることは難しい。 스태프 전원의 협력 없이 이 대사업을 성공시키는 것은 어렵다.

POINT ＜なしに＞ 참고 94
- 접속 [Aなしに] A＝동사 사전형+こと, 명사
- 의미 「A가 없는 상태에서／A하지 않고」
- 사용법 「この病院は予約なしに診療を受けることはできない」「前置きなしに話を始めると、相手は何の話かわからないだろう」

제 8 회

71 정답 2
彼らの優れた能力をもってしても、このプロジェクトを実現させることは難しいだろう。 그들의 우수한 능력으로도 이 프로젝트를 실현시키는 것은 어렵겠지.

POINT ＜をもって＞ 참고 207
- 접속 [Aをもって] A＝명사
- 의미 ① 「A로」(A는 시점)
  ② (문제문 중의 용법)「A에 의해」(A는 방법)
- 사용법 ①의 예 : 「当店は、本日をもって閉店いたします」
  ②의 예 : 「君の力をもってすればこんな問題はすぐ解決できるよ。がんばって」

딱딱한 표현

72 정답 3
失敗するかもしれないけれど、だめでもともとだ。やってみよう。 실패할지도 모르지만, 안 돼도 본전이다. 해 보자.

POINT ＜もともとだ＞
- 접속 [Aて（で）／ても（でも）／でもともとだ]
  A＝동사 て형, 명사 [～で]
- 의미 「이득이 되지 않겠지만, 손해도 나지 않으니까, 괜찮다」「안되더라도, 그것이 원래의 상태이니까 마이너스는 되지 않는다」
- 사용법 「難しいけれど、できなくてもともとだから、やるだけやってみたらいい」

⚠ A는 「失敗して(も)／できなくて(も)／だめで(も)／うまくいかなくて(も)」 등이 많다.

73 정답 3
新しい機能付きの便利な携帯電話も、電池がきれてしまえばそれまでだ。 새로운 기능이 달린 편리한 휴대 전화도 전지가 닳아버리면 끝이다.

POINT ＜ばそれまでだ＞ 참고 38

74 정답 1
地震後１か月たった今も、人々はテントでの生活を余儀なくされている。 지진 후 한 달이 지난 지금도 사람들은 어쩔 수 없이 텐트에서 생활하고 있다.

POINT ＜を余儀なくされる＞ 참고 247
- 접속 [Aを余儀なくされる] A＝명사
- 의미 「어쩔 수 없이 A 하다」
- 사용법 「大雪による停電で、住民は電気のない生活を余儀なくされている」
  「世論に押されて、大臣たちは資産の公表を余儀なくされた 여세에 눌려, 대신들은 자산을 공표할 수밖에 없었다.」

딱딱한 표현

75 정답 2
子どもたちにクラシック音楽を聞かせたいという演奏家の熱意がこの町の人の文化活動を楽しむ気持ちと相まって、「森の音楽会」は大成功を収めた。 아이들에게 클래식 음악을 들려주고 싶다는 연주가의 열의가 이 마을 사람의 문화활동을 즐기는 마음과 어울려,「숲의 음악회」는 대성공을 거두었다.

POINT <と相まって> 참고 102 196
- 접속 [Aと相まって] A＝명사
- 의미 「A와 함께」(A는 성질이나 특징을 나타내는 단어. A의 성질과 다른 성질이 함께 움직여서 성과를 내는 것을 나타낸다)
- 사용법 「南国の太陽が適度の降雨と相まって、この島の緑の森を育ててきた」 남국의 태양이 적도의 강우와 어울려, 이 섬의 녹색 숲을 키워왔다」

딱딱한 표현

76 정답 4
うちの会社の重役たちは、視察にかこつけて、海外によく出かけて行く。 우리 회사의 중역들은 시찰을 구실로 해외에 자주 나간다.

POINT <にかこつけて>
- 접속 [Aにかこつけて] A＝명사
- 의미 「A를 구실로 해서」(A는 자신에게 편리한 이유)
- 사용법 「彼女は子どもの病気にかこつけて、しばしば仕事を休む」「彼は大雪にかこつけて会を欠席した」

77 정답 1
この不況の中、デパートなどの小売業の経営がいかに厳しいかは想像にかたくない。 이러한 불황 속에서 백화점 등의 소매업 경영이 얼마나 어려운지는 상상하기 어렵지 않다.

POINT <にかたくない> 참고 292
- 접속 [Aにかたくない] A＝동사 사전형, 명사
- 의미 「A 할 수 있다／어렵지 않다」(A는, 「想像(する) 상상(하다)」「理解(する) 이해(하다)」「察する 헤아리다」 등)
- 사용법 「温暖化が進んだ数十年後の地球の悲惨な状況は、想像にかたくない」 온난화가 진행된 몇십년 후의 지구의 비참한 상황은 상상하기에 어렵지 않다.

딱딱한 표현

78 정답 4
駅を中心とする半径500メートルの地域では、土地の価格がどんどん上がっている。 역을 중심으로 반경 500미터 지역에는 토지의 가격이 점점 오르고 있다.

POINT <とする～>
- 접속 [AをBとするC] A,B,C＝명사
- 의미 「AがBであるC」
- 사용법 「山田さんをリーダーとするグループの活動は非常に活発だ」「この川を境とする2つの村は、毎年のように洪水の被害を受けている」

79 정답 4
私と彼女とは小学校から大学までずっと同じ学校で同じクラスだった。これはもう運命としか言いようがない。 나와 그녀와는 초등학교부터 대학교까지 계속 같은 학교이며 같은 반이었다. 이것은 정말로 운명이다.

POINT <としか言いようがない>
- 접속 [Aとしか言いようがない] A＝명사／な형용사[〜]
- 의미 「참으로／틀림없이／정말로 A 다」(강한 표현)
- 사용법 「まだ12歳で国際コンクールの第1位になったのだから、天才としか言いようがない」「私にとっては、目的のない旅なんて無意味としか言いようがない」

⚠ 「A以外の何ものでもない」와 같은 의미의 강조표현

80 정답 4
先生、お見舞いかたがた、帰国のごあいさつに参りました。 선생님, 병문안 겸 귀국 인사하러 왔습니다.

POINT <かたがた> 참고 138
- 접속 [AかたがたB] A＝명사
- 의미 「A 하는 것과 같이 B 하다」(A는「お礼 감사」「お詫び 사과」「あいさつ 인사」「報告 보고」「お見舞い 병문안」등)
- 사용법 「いろいろ心配をかけた大学の先輩にお詫びかたがた結婚の挨拶に行った」

⚠ 정중한 표현

제9회

81 정답 3
このすばらしい記録はオリンピック選手にしてはじめて出せるものだ。 이런 굉장한 기록은 올림픽 선수만이 낼 수 있다.

POINT ＜にして（はじめて）＞　참고 18
- 접속　［Aにして（はじめて）］　A＝명사
- 의미　「A만이(할 수 있다)」(A는 능력이 있는 사람, 사물, 기관 등.「다른 사람(사물)은 할 수 없으나, A와 같이 능력이 높은 사람(사물)만이 할 수 있다」는 의미를 나타낸다)
- 사용법　「これは、手術の神様と呼ばれるM医師にしてはじめて成功した難しい手術だ」이는 수술의 신이라고 불리는 M 의사이기에 처음으로 성공한 어려운 수술이다」

82 정답　**1**
台風が接近しているというのに、海へ行こうなんて危険極まりない。태풍이 접근해 오고 있는데, 바다에 가자니 위험하기 그지없다.
POINT ＜極まりない＞　참고 155
- 접속　［A極まりない］
  A＝い형용사［～い］+こと，な형용사［～］／［～な］+こと
- 의미　「굉장히 A 다」(A는「失礼 실례」「危険 위험」「非常識 비상식」「平凡 평범」「残酷 잔혹」「贅沢 사치스러움」 등, 좋지 않은 것을 나타내는 것이 많다)
- 사용법　「病人のお見舞いに行って自分の健康を自慢するとは、非常識極まりない」환자 면회를 가서 자신의 건강상태를 자랑하다니, 상식없기 그지 없다」
- ⚠ 「極まりない」도「極まる」도 똑같이 쓰인다. 예)「失礼極まりない態度」＝「失礼極まる態度 매우 실례인 태도」

83 정답　**2**
あの店ときたら、値段ばかり高くてさっぱりおいしくないし、サービスも最悪だ。저 가게라고 하면, 가격만 비싸고 전혀 맛이 없고 서비스도 최악이다.
POINT ＜ときたら＞　참고 143
- 접속　［Aときたら］　A＝명사
- 의미　「A는」(A를 비난하는 강한 기분을 나타낸다)
- 사용법　「警察ときたら、娘が行方不明だというのに何もしてくれないんだから、ひどいよ」
- ⚠ 회화적인 표현

84 정답　**3**
いくら忙しくても、メールを送るなり、電話をするなり、連絡できたでしょう？아무리 바빠도 메일을 보내거나 전화를 하거나 연락할 수 있잖아요?

POINT ＜なり、なり＞　참고 12

85 정답　**2**
就職するか、進学するか、どちらにしても自分の将来のことだから、よく考えなさい。취직하든 진학하든 어느 쪽이든 자신의 장래 일이니까 잘 생각하세요.
POINT ＜どちらにしても＞
- 접속　［＜A、B、どちらにしても、C＞
- 의미　「어떤 경우도」
- 사용법　「入院する、しないのどちらにしても、2、3か月の治療が必要です」
- ⚠ ◇ 「Aなり、Bなり」「Aにせよ、Bにせよ」「Aにしろ、Bにしろ」의 뒤에 쓰는 경우가 많다.
  ◇ 「どっちにしろ」도 똑같이 쓰인다.

86 정답　**3**
昨夜黒ずくめの強盗がコンビニを襲った。店員は無事だった。어젯밤 검은 옷을 입은 강도가 편의점을 덮쳤다. 점원은 무사했다.
POINT ＜ずくめ＞　참고 23

87 정답　**2**
医者から許可がおりたので、これからは心おきなく酒が飲める。의사에게 허가를 받았으니, 이제부터는 마음 놓고 술을 마실 수 있다.
POINT ＜心おきなく＞
- 접속　［心おきなくA］　A＝동사
- 의미　「스스럼없이／염려하지 않고／자유롭게 할 수 있다／(해)도 좋다」
- 사용법　「それは君の金なんだから、心おきなく使っていい」

88 정답　**1**
次々に世界記録を塗り替えるA選手の活躍は、人々を感嘆させないではおかない。잇달아 세계기록을 경신해 가는 A 선수의 활약은, 사람들을 감탄하지 않을 수 없게 만들었다.
POINT ＜ないではおかない＞　참고 217
- 접속　［Aないではおかない］
  A＝동사 ない형, 동사 사역형의 부정형
- 의미　「반드시 A하다／반드시 A시키다」(A하지 않은 채로는 있을 수 없다, A 하지 않는 것은 용서할 수 없다, 라는 강한 기분을 나타낸다)

사용법 「何年かかっても、私たちは事件の真実を明らかにしないではおかない」「この事故の原因は運転手の過労だ。私は旅行会社に責任をとらせないではおかない」

⚠ 「〜ずにはおかない」도 똑같이 쓴다.

89 정답 3

今さら謝ったところで、彼女がゆるしてくれるとは思えない。 이제 와서 사과한다고 해도 그녀가 용서해 줄 것이라고는 생각하지 않는다.

POINT ＜たところで＞ 참고 5

90 정답 1

暦の上では秋とはいえ、まだまだ暑い日が続いている。 달력상으로는 가을이라고는 하나, 아직도 더운 날이 이어지고 있다.

POINT ＜とはいえ＞ 참고 133

접속 [Aとはいえ]
A=동사／형용사／명사 보통형, 명사 [〜]

의미 「확실히 A 이기는 하지만 (A 에서 예상되는 대로는 되지 않는다)」

사용법 「十分練習をしたとはいえ、本番でうまくできるかどうかはやってみないとわからない」「体に悪いことがわかっているとはいえ、酒をやめることは難しい」

제 10 회

91 정답 4

最近仕事があまりに忙しくて、日曜日すら休めない。 요즘 일이 너무 바빠서, 일요일조차 쉬지 못한다.

POINT ＜すら＞ 참고 220

접속 [Aすら] A=명사, 명사+조사

의미 「A 라도 (A 는 특별한 예.「A의 경우도 〜이니까, 당연히 다른 경우도 〜 다」라는 의미를 나타낸다)

사용법 「父は自分が病気であることを母にすら伝えていなかった」

92 정답 1

このチャンネルでは、今夜の「スーパーマン」を皮切りに、毎週海外のアニメ映画が放送される。 이 채널에서는 오늘 밤「슈퍼맨」을 시작으로 매주 해외의 애니메이션 영화가 방송된다.

POINT ＜を皮切りに＞ 참고 266

접속 [Aを皮切りに／Aを皮切りにして／Aを皮切りとして] A=명사

의미 「A 가 최초로」(A는 A 가 최초로, 그 후 연속해서 행해지는 것을 나타낸다)

사용법 「オリンピックの競技は、今日のテニスの試合を皮切りに、各会場で次々と開始される」

93 정답 2

どんな仕事であれ、責任を持ってやることが大切だ。 어떤 일이라도 책임을 갖고 하는 것이 중요하다.

POINT ＜であれ＞ 참고 202

접속 [Aであれ] A=동사 사전형／ない형+の, 명사

의미 「A 라도／A 해도」

사용법 「どんな条件であれ、この仕事はぜひやりたいと思っている」「たとえ小規模の会社であれ、作業の安全管理を怠ることはできない」「何をするのであれ、誠意をもってすることだ」

⚠ 「〜であれ、〜であれ」=「어떤 경우에도 같게」예)「男であれ、女であれ、自分の仕事が認められるのはうれしいことだ」남자도 여자도 자신의 일이 인정받는 것은 기쁜 일이다.

94 정답 4

今回の勝利は、A 選手の活躍なしに達成はできなかっただろう。 이번 승리는 A 선수의 활약 없이는 달성하지 못했을 것이다.

POINT ＜なしに＞ 참고 70

95 정답 1

サッカーは、11 人の選手から成る 2 つのチームが闘うスポーツである。 축구는 11 명의 선수로 구성된 2 개의 팀이 싸우는 스포츠이다.

POINT ＜から成る＞

접속 [Aから成るB] [BはAから成る] A, B=명사

의미 「(B 는 A 로) 구성되어 있다」

사용법 「30 人のメンバーから成る委員会が結成された」「この小説は 3 つの部分から成っている」

96 정답 4
結婚して以来、彼女の料理の腕前は目に見えて上達している。 결혼한 이래, 그녀의 요리 솜씨는 확실히 향상되고 있다.

POINT <目に見えて>
- 접속 [目に見えて A] A=변화나 진행을 나타내는 문장
- 의미 「확실히／확실히 나타나서」
- 사용법 「70歳代になると、体力が**目に見えて**衰えてくる」

97 정답 2
一人暮らしでは、食事がともすると不規則になりがちだ。 독신 생활을 하면 자칫하면 식사가 불규칙해지기 쉽다.

POINT <ともすると>
- 접속 [ともするとA (する)／A (し) がちだ／A (し) やすい]
- 의미 「자칫(하면)/대개 A(하는 경향이 있다)」(좋지 않은 경향이 많다)
- 사용법 「過剰な親切は**ともすると**迷惑にもなる 과한 친절은 자칫하면 폐가 되기도 한다」
  「彼は**ともすると**物事を理論だけで判断しがちだ 그는 걸핏하면 매사를 이론만으로 판단하려 한다」

딱딱한 표현

98 정답 4
彼女は子育てのかたわら、自宅で料理教室を開いている。 그녀는 육아하면서 자택에서 요리교실을 열고 있다.

POINT <かたわら> 참고 288
- 접속 [AかたわらB] A=동사 사전형, 명사 [〜の]
- 의미 「A를 하면서 B도 하다」(A는 본업이고, B는 부업)
- 사용법 「あの店は24時間営業で食べ物や日用品を売る**かたわら**、防犯施設としての役割も果たしている 저 가게는 24시간 영업으로 음식과 일용품을 판매하면서, 방범시설로서의 역할도 하고 있다」

⚠️ 「AかたわらB」는 A가 본업이고, 본업과 병행하여 B를 하고 있다는 의미를 나타내지만, 「AがてらB(A하는 김에B)」「AかたがたB(아울러, 겸하여)」는 A의 행위와 겸하여 B의 행위를 하고 있다라는 의미를 나타낸다.「かたがた」는 격식차린 표현으로 관용적인 표현에 한한다.

99 정답 1
新製品の広告が出るや否や、テレビ局に多数の問い合わせが寄せられた。 신제품의 광고가 나오자마자, 방송국에 다수의 문의가 밀려왔다.

POINT <や否や> 참고 49

100 정답 2
この教室には、「授業中、私語をするべからず」と書いた紙が貼ってある。 이 교실에는「수업 중, 사담해서는 안 됨」이라고 쓰인 종이가 붙어 있다.

POINT <べからず> 참고 15

제11회

101 정답 4
人が集まろうが集まるまいが、公園でのコンサートは予定通り行われる。 사람이 모이든 안 모이든, 공원에서의 콘서트는 예정대로 행해진다.

POINT <〜うが〜まいが>
- 접속 [AうがAまいが]
  Aう=동사 의지형　Aまい=동사 사전형+まい
- 의미 「A 해도 A 하지 않아도 변함없이」
- 사용법 「雨が降**ろうが**降る**まいが**工事を行う予定だ」

딱딱한 표현

102 정답 2
人間の人格は、持って生まれた資質と育てられたものとが相まって形成される。 인간의 인격은 갖고 태어난 자질과 키워지는 것이 어우러져 형성된다.

POINT <相まって> 참고 75 196
- 접속 [Aが相まって] [AとB (と) が相まって]
  A, B=명사
- 의미 「A가 하나가 되어」「A와 B가 하나가 되어」
- 사용법 「いろいろな事情が**相まって**、このような結果になった」「良質の米と水とが**相まって**、おいしい酒ができる」

⚠️ 「AがBと相まって(A가 B와 어울려)」라는 형태도 있다. 예)「南国の太陽が適度の降雨と相まって、この島の緑の森を育ててきた 남국의 태양이 적도의 강우와 어울려, 이 섬의 녹색 숲을 키워왔다.」

딱딱한 표현

103 정답 1
世界には貧しさゆえに、子どもを他人に売り渡す親がいるという。 세계에는 가난함 때문에 아이를 타인에게 파는 부모가 있다고 한다.

POINT ＜ゆえ＞ 참고 41
딱딱한 표현

104 정답 2
こんなに難しい曲が弾けるのは彼女をおいて他にない。 이렇게 어려운 곡을 칠 수 있는 것은 그녀 외에는 없다.

POINT ＜をおいて＞ 참고 183

접속 ［Aをおいて（ほかに～ない）］ A＝명사

의미 「A 이외에는 (～ 없다)」

사용법 「こんなことを頼めるのは君**をおいて**ほかにいないんだ。なんとか引き受けてくれないか」

105 정답 4
なんとか勝ったものの、決勝戦は、下手をすると逆転されて負けたかもしれないような接戦だった。 어떻게든 이겼지만, 결승전은 자칫하면 역전되어 패배했을지도 모를 정도의 접전이었다.

POINT ＜下手(を)すると＞

접속 ［下手（を）すると、A］ A＝문장

의미 「최악의 경우에는／조심하지 않으면」

사용법 「パソコンの調子がよくない。**下手をすると**、原稿が締め切りに間に合わなくなるかもしれない」「**下手すると**重大な結果になりかねないから、早く上司に相談したほうがいいよ」

106 정답 1
地震の後、避難所で生活する人々を助けんがために、多くのボランティアが集まってきた。 지진 후, 피난소에서 생활하는 사람들을 구하기 위해서 많은 자원봉사자가 모여들었다.

POINT ＜んがため (に)＞ 참고 10
딱딱한 표현

107 정답 3
この料理はただ肉を焼けばいいだけだから、わざわざ作り方を習うまでもない。 이 요리는 그냥 고기를 굽기만 하면 되니까, 일부러 만드는 법을 배울 필요는 없다.

POINT ＜までもない＞ 참고 130

접속 ［Aまでもない］ A＝동사 사전형

의미 「A 할 필요는 없다」(A는 「말하다」「듣다」 등)

사용법 「あらためてお伝えする**までもない**ことですが、出国にはパスポートが必要です」

108 정답 4
天気予報では午後には天気が回復するということだったが、夜になっても雨は一向に止みそうもない。 일기예보에는 오후에는 날씨가 좋아진다고 했으나, 밤이 되어도 비는 전혀 그칠 것 같지 않다.

POINT ＜一向に＞

접속 ［一向にAない］ A＝동사 ない형

의미 ①「전혀／전혀 ～ 않다」
② (문제문 중의 용법)「(시간이 지나도) 좀처럼 ～ 않다」

사용법 ①의 예：「たばこですか。私は**一向に**かまいませんから、どうぞ」
②의 예：「仕事が**一向に**進まないので困っている」

109 정답 1
政府は国民のきびしい批判をものともせずに、税金の値上げを決行した。 정부는 국민의 따끔한 비판을 아랑곳하지 않고 세금 인상을 결행했다.

POINT ＜をものともせずに＞ 참고 62
딱딱한 표현

110 정답 2
明日の試合は、どのチームが優勝するか、とうてい予測できない。 내일 시합은 어느 팀이 우승할지 도저히 예측할 수 없다.

POINT ＜とうてい＞

접속 ［とうてい＋（～できない／無理だ／不可能だ／だめだ）］

의미 「어떻게 해도／반드시 (～ 할 수 없다)」

사용법 「私の実力では、一流大学には**とうてい**入れない」「我が家の今の経済状態では、家を持つことは**とうてい**無理です」

제12회

111 정답 1
彼からプロポーズされた時のうれしさといったらなかった。 그에게서 프러포즈를 받았을 때 정말로 기뻤다.

POINT <といったらない> 참고 265

- 접속 [Aといったらない]
  A＝い형용사［〜い］, な형용사［〜］, 명사［〜］
- 의미 「매우 A 다」(A의 정도가 높은 것을 강조한다)
- 사용법 「あの授業、先生がただ話しているだけで、つまらないといったらない」「このあたりの初夏の新緑の美しさといったらない」

112 정답 3
卒業する学生諸君、君達の今後の活躍を願ってやまない。 졸업하는 학생 제군, 그대들의 앞으로의 활약을 바라 마지않는다.

POINT <てやまない> 참고 6

딱딱한 표현

113 정답 3
正直に話していれば許したものを、言いわけばかりしていて、許せない。 솔직히 얘기했으면 용서했을 텐데, 변명만 하고 있으니 용서할 수 없다.

POINT <ものを> 참고 158

- 접속 [〜ばAものを] A＝동사 보통형
- 의미 「〜 한다면 A 했을텐데／A 인데도」(A는 사실과는 다른 것)
- 사용법 「言ってくれれば迎えに行ったものを、どうして連絡してくれなかったの？」

⚠ 「〜しなかった(〜하지 않았다)」라는 것을 비난하는 마음이 담겨있다. 「〜ものを。」로 문장을 끝내고, 뒤를 얘기하지 않는 형태도 있지만, 의미는 같다. 예 「言ってくれれば迎えに行ったものを。말해 줬으면 마중 나갔을 텐데.」

114 정답 2
倒産した自分の会社をどうにかして再建したいと、彼は資金の調達に駆け回っている。 도산한 자신의 회사를 어떻게든 재건하고 싶어서, 그는 자금조달을 위해 뛰어다니고 있다.

POINT <どうにかして>

- 접속 [どうにかしてA] A＝동사(「〜たい」「〜(よ)う」「〜なければならない」 등이 많다)
- 의미 「여러가지 방법으로／어떻게 해서든」
- 사용법 「結婚したら、どうにかして自分の家を持ちたい」「来月の健康診断までにどうにかして3キロほど体重を落とさなければならないのだが、間に合うだろうか」

115 정답 2
この絵に描かれている空の色は彼ならではの色だ。 이 그림에 그려져 있는 하늘의 색은 그만의 색이다.

POINT <ならでは> 참고 243

- 접속 [Aならではだ／AならではのB] A, B＝명사
- 의미 「A 독특의／A 가 아니면 얻을 수 없다」(A는 특색을 갖고 있는 사람과 기관 등. 좋은 평가를 나타내는 문장)
- 사용법 「南国ならではの太陽と風が旅行者の心を和ませる 남국 특유의 태양과 바람이 여행자의 마음을 온화하게 만든다.」

116 정답 3
S市では、2年後のオリンピック開催に向けて、準備が急ピッチで進められている。 S시에서는 2년 후의 올림픽 개최를 향해서 준비가 급속도로 진행되고 있다.

POINT <に向けて>

- 접속 [Aに向けて] A＝명사
- 의미 「A를 목표로 해서／A를위해서／A를 향해서」 A는 目標 목표, 目的 목적, 終着点 종착점 등
- 사용법 「来年の受験に向けて、がんばりましょう」

117 정답 1
夫婦は持ちつ持たれつ、お互いに協力し合って生きていくものだ。 부부는 상부상조하며 서로 협력하며 살아가는 존재다.

POINT <〜つ〜つ> 참고 190

- 접속 [AつBつ]
  A, B＝동사 ます형 A와 B는 「持ちつ持たれつ」와 같이 동사 ます형과, 그 수동형, 또는 「行きつ戻りつ」처럼, 의미가 대립하는 2개의 동사. 「AつBつ」사가 하나의 명사처럼 쓰인다.
- 의미 「A 하거나, B 하거나 해서」(A와 B를 교대로 반복하는 모습을 나타낸다)
- 사용법 「祭りはたいへんな人出で、押しつ押されつしながらパレードを見た」「優勝候補の2人が抜きつ抜かれつの激しい競争を展開した」

⚠️ 「行きつ戻りつ」「押しつ押されつ」「追いつ追われつ」「抜きつ抜かれつ」 등 관용적인 표현이 많다.

118 정답 2
努力することなしに成功した人はいない。 노력 없이 성공한 사람은 없다.
POINT ＜ことなしに＞ 참고 260
- 접속 ［AことなしにBできない］
  A＝동사 사전형 B＝동사 가능형(부정형)
- 의미 「A 하지 않고 B 하는 것은 불가능하다」 「B 하려고 했더니, A 하지 않으면 안 된다」
- 사용법 「パスポートを取ることなしに海外旅行をすることはできない」 「人を愛することなしに生きることはできない」

딱딱한 표현

119 정답 4
会議では、景気回復に向けてわが社なりの対策を発表する予定だ。 회의에서는 경기 회복을 위해 우리 회사 나름의 대책을 발표할 예정이다.
POINT ＜なりの＞ 참고 186
- 접속 ［Aなりの］ A＝명사
- 의미 「(불충분할지도 모르지만)A의 힘으로 생각했다／만들었다」 (A는 사람이나 기관을 나타내는 말)
- 사용법 「子供は子供なりの自分の将来像をもっている」
⚠️ 「不十分なところがあるが(충분하지는 않지만)」이라는 의미를 포함한 표현.「私なりに(제 나름대로)」는 겸손의 의미를 포함한 경우가 많다. 따라서 「これは社長なりに考えてくださった企画です(이것은 사장님 나름대로 생각해주신 기획입니다)」라고는 말하지 않는다.

120 정답 1
大企業も不振に苦しんでいる。中小企業はなおさらのこと、どこも厳しい経営を迫られている。 대기업도 부진에 괴로워하고 있다. 중소기업은 한층 더 어디나 힘든 경영을 하고 있다.
POINT ＜は なおさらのこと＞
- 접속 ［(A。) Bは なおさらのこと］ B＝명사
- 의미 「점점／한층 더／(A 보다) 좀더」
- 사용법 「大人にも難しいのだから、子供にはなおさらのこと難しい」

제 13 회

121 정답 4
自分の命を犠牲にしてまで多くの人を救ったあの男が英雄でなくてなんだろう。 자신의 목숨을 희생하면서까지 많은 사람을 구한 저 남자가 영웅이 아니고 무엇이란 말인가.
POINT ＜でなくてなんだろう＞ 참고 226
- 접속 ［〜がAでなくてなんだろう］ A＝명사
- 의미 「〜가 A 다」 (A라는 것을 강조함)
- 사용법 「彼は友人の会社を助けるために毎日必死で働いた。これが友情でなくてなんだろう」
⚠️ A는 사랑, 영웅, 운명 등과 같은 추상적인 개념을 나타내는 단어가 많다.

122 정답 3
あんなに幸せそうだった2人が離婚するに至った経緯を私は知りたい。 저렇게 행복했던 두 사람이 이혼하게 된 경위를 나는 알고 싶다.
POINT ＜に至る＞
- 접속 ［Aに至る／至った］ A＝동사 사전형, 명사
- 의미 「A 가 되었다／A 하게 되었다」
- 사용법 「私たちは、長年この町の景観を守る活動をしていたが、今年景観保存会を設立するに至った」

딱딱한 표현

123 정답 1
老人はどこを見るともなく、ぼんやりと病室の外を眺めている。 노인은 어디를 보는 것도 아니고, 멍하게 병실 밖을 바라보고 있다.
POINT ＜ともなく＞
- 접속 ［Aともなく］ A＝동사 사전형
- 의미 「A 하려고 특별히 생각한 것은 아니지만」 (A 는 「보다」「듣다」「말하다」「생각하다」 등)
- 사용법 「喫茶店でコーヒーを飲んでいるとき、となりの人の話を聞くともなく聞いていると自分の名前が出てきてびっくりした」「電車に乗ってきたおばあさんが誰に言うともなく『暑いね』と言った」
⚠️ ◇ 「何」「だれ」「どこ」 등 의문사와 같이 쓸 때가 많다.
◇ 「ともなしに」도 똑같이 쓰인다. 참고 187

124 정답 3

この欄には本人の印もしくはサインが必要です。
이 난에는 본인의 도장 또는 사인이 필요합니다.

POINT <もしくは>

접속 [A (か) もしくは B]
A＝동사 사전형, 명사　B＝명사

의미 「A 이거나／또는 B」

사용법 「本人であると証明するために、運転免許証もしくは健康保険証の提示が必要です」
「当地へは新幹線もしくは飛行機が便利です」

⚠ 개인적인 내용이 아닌, 사무적인 지시를 하는 문장이 많다.

125 정답 3

彼ほどの有名人ともなると、街で気軽に買い物をすることもできないようだ。그 정도의 유명인이라도 되면, 길에서 가볍게 쇼핑하는 것도 어려운 듯하다.

POINT <ともなると> 참고 221

접속 [Aともなると] A＝동사 사전형, 명사

의미 「A 가 되면 역시」

사용법 「この公園は緑の芝生がきれいで、日曜日ともなると家族連れでにぎわう」「結婚式に出るともなると、普段着というわけにはいかない」

126 정답 2

優勝できたことにもまして、仲間の応援が本当にうれしかった。우승했다는 것도 그렇지만 동료의 응원이 정말로 기뻤다.

POINT <にもまして> 참고 30

127 정답 3

新しい仕事にも慣れ、最近は、忙しいながらも充実した毎日を送っています。새로운 일에도 적응해서, 최근은 바쁘지만 매일 알차게 보내고 있습니다.

POINT <ながら(も)> 참고 162

접속 [Aながら(も)]
A＝명사, 동사 ます형, い형용사 [～い], な형용사 [～]

의미 「A 지만」

사용법 「早くやらなければいけないとわかっていながらも、なかなかできない」「残念ながら、お別れですね」

128 정답 4

離婚が成立して、さっぱりした表情の妻にひきかえ、夫のほうは、がっくりと肩を落としている。
이혼이 성립해서 개운한 표정의 아내에 비해, 남편 쪽은 낙심하여 어깨를 축 늘어뜨리고 있다.

POINT <にひきかえ> 참고 4

129 정답 1

彼は湖の周囲 40 キロを走りに走って、見事優勝した。그는 호수 주위 40 킬로미터를 달리고 달려서 보기 좋게 우승했다.

POINT <～に～て>

접속 [A1に A2]
A1＝동사 ます형, A2＝A1 의 동사 て형

의미 「굉장히 잘 A(해)서」

사용법 「東京中のデパートを探しに探して、これをやっと見つけたんです」
「迷いに迷って、結局、転職はしないことにした 고민하고 고민해서 결국 전직은 하지 않기로 했다」

⚠ 같은 동사를 반복해서 그 동작을 강조한다.

130 정답 3

そんなことぐらいだれでもわかっている。今さら言うまでもないことだ。그런 일쯤은 누구나 알고 있다. 새삼스레 말할 것도 없다.

POINT <までもない> 참고 107

제 14 회

131 정답 1

台風の影響で電車が止まったら、しかたがない。歩いて帰るまでのことだ。태풍의 영향으로 전철이 멈췄다면 어쩔 수 없다. 걸어서 돌아갈 뿐이다.

POINT <まで(のこと)だ> 참고 64 148

접속 [～たら、Aまで (のこと) だ]
A＝동사 사전형／ない형

의미 「A 하는 것 뿐이다 (A 할 예정이니까 걱정없다)」

사용법 「この案が認められなかったら、別の案を考えて出すまでだ」

⚠ A 가 동사 た형인 경우는 다른 의미로, 「A 한 것에 특별한 의미는 없다」라는 의미를 나타낸다. 예) 「当たり前のことをしたまでです。そんなお礼をいただくわけにはいきません 당연한 일을 한 것뿐입니다. 그런 사례를 받을 이유가 없습니다.」

132 정답 3
9月に入ってようやく涼しくなったかと思いきや、まだ30度を超す日が続いている。 9월에 들어서 겨우 시원해졌다고 생각한 순간, 아직 30도를 넘는 날이 이어지고 있다.

POINT <と思いきや> 참고 230

접속 [Aと思いきや] A=동사／형용사／명사 보통형

의미 「A 라고 생각했지만」(A 는 생각한 것. A 라고 생각했는데 그게 아니었다는 것을 강조한다)

사용법 「山田先生に呼ばれた。授業をさぼったので叱られるのかと思いきや、進路についてアドバイスをしてくださった」

딱딱한 표현

133 정답 1
忙しかったとはいえ、電話の一本ぐらいかけられたはずだ。 바빴다고는 해도 전화 한 통 정도는 걸 수 있었을 것이다.

POINT <とはいえ> 참고 90

134 정답 1
ベッドの下に本を置いたままにしておいたら、ほこりまみれになっていた。 침대 밑에 책을 놓은 채로 뒀더니, 먼지투성이가 되어 있었다.

POINT <まみれ> 참고 180

접속 [Aまみれ] A=명사

의미 「A 가 가득 붙어 있다」(A 는 「ほこり 먼지」「粉 가루」「油 기름」「泥 진흙」「血 피」 등)

사용법 「兄は、油まみれになって大好きな車の修理をしている」

135 정답 2
この歌手は歌唱力もさることながら、話も面白いので、テレビ番組の人気者である。 이 가수는 가창력도 물론이고 이야기도 재미있어서, 텔레비전 프로그램에서 인기인이다.

POINT <もさることながら> 참고 159

접속 [Aもさることながら] A=명사

의미 「A 도 물론이지만」

사용법 「この花は、花の美しさもさることながら、食品会社が開発したことが話題になっている」

딱딱한 표현

136 정답 3
この地方では四季それぞれの景色が楽しめますが、なんといっても紅葉の頃が最高です。 이 지방에서는 4계절 각각의 경치를 즐길 수 있습니다만, 뭐니뭐니해도 단풍 무렵이 최고입니다.

POINT <なんといっても>

접속 [なん(何)といっても A] A=문장

의미 「여러가지 있는 것 중에서 특히／가장」

사용법 「スポーツはどれも好きだけど、なんといってもサッカーが一番おもしろい」「東京には有名レストランがたくさんあるが、フランス料理では何といってもこの店が最高レベルだとされている」

137 정답 2
なんでもあの方のお父様は高名な学者ということですよ。 소문에 의하면 저분의 아버님은 유명한 학자라고 해요.

POINT <なんでも>

접속 [なんでも A] A=문장

의미 「들은 바에 의하면／소문으로는, A 인 듯하다／인 것 같다／인 것 같다／라는 것이다」

사용법 「なんでもあの2人は相思相愛で、近々結婚するらしいよ」

138 정답 3
就職の報告かたがた、久しぶりに祖父母の顔を見に行った。 취직 보고 겸, 오랜만에 조부모의 얼굴을 보러 갔다.

POINT <かたがた> 참고 80

139 정답 2
この映画は本当におもしろくて、一瞬たりとも画面から目が離せなかった。 이 영화는 정말로 재미있어서 한순간도 화면에서 눈을 뗄 수 없었다.

POINT <たりとも> 참고 242

접속 [Aたりとも～ない] A=1＋조수사

의미 「A 라도 ～ 않다／조금도 ～ 않다」(A 는 1日 하루, 1分 1분, 1ページ 1페이지 등 최소의 수나 양)

사용법 「残された水はこれだけだ。1滴たりとも無駄にしてはいけない」

140 정답 4
仮に絵の才能があるとしたところで、画家として成功する保証はない。 가령 그림에 재능이 있다고 해도 화가로서 성공한다는 보장은 없다.

POINT ＜としたところで＞
- 접속 ［Aとしたころで］ A＝명사／동사／형용사 보통형
- 의미 「A 라고 가정해도, 상황은 변하지 않겠지／안 되겠지」(A 는 가정한 것)
- 사용법 「首相が代わったとしたところで、この地方が抱える問題は何も解決しないだろう」

제 15 회

141 정답 3
その政治家は国会で言うべからざることを言って非難された。 그 정치가는 국회에서 말해서는 안 되는 것을 말해서 비난 받았다.
POINT ＜べからざる＞
- 접속 ［AべからざるB］ A＝동사 사전형　B＝명사
- 의미 「A 해서는 안 되는 B」
- 사용법 「公表するべからざる情報が外部に流れ出てしまった　공표해서는 안될 정보가 외부로 유출되어 버렸다」

딱딱한 표현

142 정답 4
この作曲家の作品は、国内のみならず、海外においても高く評価されている。 이 작곡가의 작품은 국내뿐만 아니라, 해외에서도 높이 평가되고 있다.
POINT ＜のみならず＞　참고 29

143 정답 1
うちの主人ときたら、休みの日は朝から飲んでばかりいる。 우리 남편으로 말할 것 같으면, 쉬는 날은 아침부터 술만 마시고 있다.
POINT ＜ときたら＞　참고 83

144 정답 3
これは、会議で議題として取り上げるに足る問題とはいえない。 이것은 회의에서 의제로서 채택할 만한 문제라고는 할 수 없다.
POINT ＜に足る＞　참고 272
- 접속 ［Aに足る］ A＝동사 사전형 , 명사
- 의미 「A 할 가치가 있다」(A는 「信頼(する) 신뢰(하다)」 「尊敬(する) 존경(하다)」 「鑑賞 감상(하다)」 등)
- 사용법 「それは信頼するに足るデータとは言えないので、調べ直しが必要である」

딱딱한 표현

145 정답 1
少子化が農村の過疎化に拍車をかけている。 저출산이 농촌의 과소화에 박차를 가하고 있다.
POINT ＜拍車をかける＞
- 접속 ［Aに拍車をかける］ A＝명사
- 의미 「A 를 착착 진행시키다」
- 사용법 「新しい油田の発見が経済発展に拍車をかけた　새로운 유전의 발견이 경제발전에 박차를 가했다」

146 정답 4
公園の隣に新しい喫茶店ができたので、図書館へ本を返しがてら見に行った。 공원 옆에 새로운 카페가 생겨서, 도서관에 책을 반납하는 김에 보러 갔다.
POINT ＜がてら＞　참고 192
- 접속 ［AがてらB］ A＝명사 , 동사 ます형
- 의미 「A 를 겸해서 B 한다」(A 쪽이 주된 행위)
- 사용법 「散歩がてら、新しくできた駅ビルを見てきた」

⚠️ 「AかたわらB(A 하면서 B)」는 A 가 본업이고, 본업과 병행하여 B 를 하고 있다는 의미를 나타내지만, 「AがてらB(A 를 겸해서 B)」는 A 의 행위를 겸하여 B 의 행위를 한다는 의미를 나타낸다. 또한 「AのついでにB(A 하는 김에 B)」는 A 가 주된 행위이고, B 가 부수적인 행위임을 나타낸다.

147 정답 3
彼女は先生に叱られて、泣かんばかりの顔で下を向いていた。 그녀는 선생님에게 혼나서 울 듯한 얼굴로 고개를 떨어뜨리고 있었다.
POINT ＜んばかり＞　참고 191
- 접속 ［Aんばかり］
A＝동사 ない형 (「する」⇒「せんばかり」)
- 의미 ① (문제문 중의 용법)「지금이라도 A 할 듯하다」
　　② 「마치 A 하는 듯이」
- 사용법 ①의 예 : 「大雨のあと川を見に行ったら、水が今にもあふれんばかりに流れていた」②의 예 :「子猫はお腹が空いたと言わんばかりにニャーニャーと泣いた」

딱딱한 표현

148 정답 1
ごく当然のことをしたまでですから、感謝していただくこともありません。 매우 당연한 것을 했을 뿐이니까, 감사해할 필요도 없습니다.
POINT ＜まで (のこと) だ＞　참고 64　131

149 정답 3
このかばんは、内側の小さいポケットに、小銭入れ、鍵といった小物が入れられるので、使いやすいですよ。 이 가방은 안쪽의 작은 주머니에 동전 지갑, 열쇠 등의 작은 물건을 넣을 수 있어서 쓰기 편리해요.

POINT **＜といった＞**
- 접속 ［A、BといったC］ A，B，C＝명사
- 의미 「등의」「와 같은」
- 사용법 「タイ、インドといった東南アジアの国には辛い味の料理が多い」「秋は、ぶどう、梨、りんごといった果物の収穫期だ」

150 정답 4
この本は難解だが、辞書を引きながら読めば留学生でも読めないものでもない。 이 책은 난해하지만, 사전을 찾으면서 읽으면 유학생이라도 읽지 못하는 것은 아니다.

POINT **＜ないものでもない＞** 참고 177
- 접속 ［Aないものでもない］ A＝동사 ない형
- 의미 「A 의 가능성도 있다」
- 사용법 「そうですねえ。まあ、安くしてくれるのなら買わないものでもありませんけど」

⚠ 이중부정은 긍정이 된다. 분명하게 얘기하지 않는 애매한 표현.

제 16 회

151 정답 4
親友のためとあれば、私は喜んで手を貸すつもりだ。 친구를 위해서라면 나는 기꺼이 도와줄 생각이다.

POINT **＜とあれば＞**
- 접속 ［Aとあれば］ A＝명사
- 의미 「A 의 경우는／A 라면」(A 를 강조하는 표현)
- 사용법 「この町で国際会議が開かれるとあれば、世界各国の報道関係者がこの町に集まるだろう」

152 정답 4
そのネコは、食卓に飛び上がるが早いか、魚をくわえて逃げて行った。 그 고양이는 식탁에 뛰어오르기가 무섭게 생선을 물고 도망갔다.

POINT **＜が早いか＞** 참고 167
- 접속 ［Aが早いか］ A＝동사 사전형／た형
- 의미 「A 했더니 바로」(A 는 하고 싶어서 기다리고 있던 행동)
- 사용법 「空港に集まったファンたちは、N選手の姿を見つけるが早いか、歓声を上げて駆け寄った」

153 정답 2
何事も努力なくして、成功はない。 어떤 것도 노력 없이 성공은 없다.

POINT **＜なくして＞** 참고 238
- 접속 ［Aなくして～ない］ A＝명사
- 의미 「A 없이／A 가 없다면(～ 할 수 없다)」
- 사용법 「スパイスなくしてインド料理は作れない」

154 정답 1
教師が学校内で未成年の学生に飲酒をすすめるという許すまじきことが行われていた。 교사가 학교 내에서 미성년자인 학생에게 음주를 권했다고 하는 용서할 수 없는 일이 벌어지고 있었다.

POINT **＜まじき＞** 참고 161
- 접속 ［AまじきB］ A＝동사 사전형 B＝명사
- 의미 「A 해서는 안 되는 B」(A 는 「する 하다」「言う 말하다」「許す 용서하다」 등)
- 사용법 「言うまじきことを親に言ってしまった。悪かったと後悔している」

딱딱한 표현

155 정답 3
その若者が老人に対してとった失礼極まりない態度を見て、一言注意をせずにはいられなかった。 그 젊은이가 노인에 대해 취한 실례하기 짝이 없는 태도를 보고, 한마디 주의를 주지 않을 수가 없었다.

POINT **＜極まりない＞** 참고 82

156 정답 1
彼女は、もう私には会いたくないとばかりに「さよなら」と冷たく言った。 그녀는 더 이상 나와는 만나고 싶지 않다는 듯 '안녕'이라고 차갑게 말했다.

POINT **＜とばかりに＞**
- 접속 ［Aとばかりに］ A＝문장(명사／동사／형용사)
- 의미 「A 라고 말하는 듯이」A と言うように」
- 사용법 「父親が帰ってくると、子供たちは待っていたよとばかりに父親に飛びついた」「最後の客に、早く帰れとばかりに、店員が掃除を始めた」

⚠️ ◇ 「と」앞에는 구어체의 인용이 오는 경우가 많다. 예) 「『待っていたよ』とばかりに『기다리고 있었어』라는 듯이」「『早く帰れ』とばかりに『빨리 돌아가』라는 듯이」
◇ 「と言わんばかりに」와 똑같이 쓰인다.

157 정답 3
その男は警官の姿を見るなり、逃げ出した。 그 남자는 경관의 모습을 보자마자 도망쳤다.

POINT <なり> 참고 277

접속 [Aなり] A＝동사 사전형

의미 「A 하자 바로」(A 한 후, 예상하지 못한 것이 일어난 것을 나타낸다)

사용법 「父は弟の顔を見る**なり**、大きな声で怒り始めた」

158 정답 2
前日に準備しておけばいいものを、妹はいつも出かける直前になってあわてる。 전날에 준비해 두면 될 텐데, 여동생은 언제나 나가기 직전이 되서 허둥댄다.

POINT <ものを> 참고 113

159 정답 2
A社の製品はデザインのよさもさることながら、使いやすさという点でも高く評価されている。 A사의 제품은 디자인이 좋은 것은 물론, 쓰기 편하다는 점에서도 높이 평가되고 있다.

POINT <もさることながら> 참고 135

딱딱한 표현

160 正解 2
事故でけがをなさった方の回復を心よりお祈り申し上げます。 사고로 부상을 당하신 분의 회복을 진심으로 기원합니다.

POINT <お(ご)～申し上げる>

접속 [お A1 申し上げる／ご A2 申し上げる]
A1＝동사 ます형 A2＝명사(동작을 나타내는 한자숙어 예) 案内 안내, 連絡 연락 등)

의미 「A 하다」(겸양어)

사용법 「またのおいでを**お**待ち**申し上げます**」「電話で**ご**連絡**申し上げます**」

⚠️ 「お／ご～いたす」(예)「お待ちいたします」)보다, 더 정중한 경양어.

제 17 회

161 정답 4
集団で１人の生徒をいじめることは、許すまじき行為である。 집단에서 한 명의 학생을 따돌리는 것은 용서해서는 안 될 행위이다.

POINT <まじき> 참고 154

딱딱한 표현

162 정답 4
この村の人たちは、貧しいながらも平和な日々を送っている。 이 마을의 사람들은 가난하지만 평화로운 날들을 보내고 있다.

POINT <ながら(も)> 참고 127

163 정답 1
商品の詳しいご案内はカタログに書いてございます。 상품의 자세한 안내는 카탈로그에 쓰여 있습니다.

POINT <てございます>

접속 [～は／が A てございます] A＝동사 て형

의미 「A 되어 있습니다」(정중어)

사용법 「必要なものは全部用意してございます」「受付に案内のパンフレットが置いてございますので、ご自由にお取りください」

164 정답 4
おもしろいものがあるんですよ。今ご覧に入れましょう。 재미있는 것이 있어요. 지금 보여 드리죠.

POINT <ご覧に入れる>

접속 [(私は)(あなたに) ご覧に入れる]

의미 「보여주다」(겸양어)

사용법 「さあ、これからみなさんにおもしろいマジックを**ご覧に入れましょう**」

⚠️ 「お見せする(보여드리다)(겸양어) 보다 더욱 정중한 표현.

165 정답 1
町の住民に愛されてきた映画館が閉鎖されることになり、寂しいかぎりだ。 마을의 주민에게 사랑받아왔던 영화관이 폐쇄되기로 해서, 쓸쓸하기 그지없다.

POINT <かぎりだ> 참고 25

166 정답 3
首相たる者、冗談を言うにも十分な注意が必要だ。
수상이라는 사람은 농담을 얘기할 때도 충분한 주의가 필요하다.
POINT <たる> 참고 36
딱딱한 표현

167 정답 3
記者たちは電話を切るが早いか、カメラをもって部屋を飛び出して行った。 기자들은 전화를 끊기가 무섭게 카메라를 들고 방을 뛰어나갔다.
POINT <が早いか> 참고 152

168 정답 4
どんなに嘆き、悲しんだところで、死んだ人が帰ってくるわけではない。 아무리 한탄하고 슬퍼해 봤자 죽은 사람이 돌아오는 것은 아니다.
POINT <ところで>
접속 [Aところで] A=동사 た형
의미 「A 해도(안 되겠지)」
사용법 「今から謝ったところで、許してはくれないだろう」

169 정답 3
あなたはこの会社の最高責任者なのだから、この問題について知らないではすまないのですよ。 당신은 이 회사의 최고책임자이니까, 이 문제에 대해 모를 리가 없어요.
POINT <ないではすまない>
접속 [Aないではすまない] A=동사 ない형
의미 「A 않을 수는 없다/A 하지 않으면 안 된다」)
사용법 「息子が起こした事件だから、親の私が相手に謝らないではすまないだろう」
◇나쁜 상황을 수습하기 위해서 해야만 한다라는 의미를 나타낸다.
◇「~ずにはすまない」도 똑같이 쓰인다.

170 정답 2
当社では、幅広いニーズにこたえるべく、さまざまなサービスを提供している。 당사에서는 폭넓은 요구에 답하기 위해 다양한 서비스를 제공하고 있다.
POINT <べく> 참고 254
접속 [Aべく] A=동사 사전형
의미 「A 하기 위해서/A 하려고 해서」(A는 목적)

사용법 「道路の幅を拡張するべく工事が行われている」
딱딱한 표현

제 18 회

171 정답 4
生徒を差別するとは、教師にあるまじき行為だ。
학생을 차별하는 것은 교사가 해서는 안 되는 행위이다.
POINT <まじき>
접속 [A(にある)まじきB] A=명사 B=명사
의미 「A 가 해서는 안 된다」(A 는 입장을 나타낸다)
사용법 「その警官がしたことは警官にあるまじき行為だと非難された」
딱딱한 표현

172 정답 4
あの人、新入社員にしてはよく仕事ができるじゃないか。 저 사람, 신입사원치고는 일을 잘하네.
POINT <じゃないか>
접속 [Aじゃないか/じゃないですか] A=문장
의미 「A」(A 의 문장을 강조한다)
사용법 「これ、君がかいた絵？なかなかいい絵じゃないか」「中古車だというけど、見たところまだ新しいじゃないですか」
◇구어체로 쓰인다.
◇부정, 의문형을 사용하여 강조하는 표현. 의미는 부정이 아닌 긍정.

173 정답 4
お疲れのところをお呼び立てして申し訳ありませんでした。 피곤하실텐데, 오시게 해서 죄송했습니다.
POINT <ところ(を)> 참고 215
접속 [Aのところ(を)]
A=(お/ご)+명사 [~の], 동사 사전형, い형용사(お/ご+) [~い]
의미 「A 일 때/A 의 상황입니다만」
사용법 「お急ぎのところ(を)」「お取り込みのところ(を)」「お忙しいところ(を)」「お疲れのところ(を)」「危ないところ(を)」 등
「お急ぎのところをおじゃまして申し訳ありません」
◇정중한 인사말에 쓰인다.

174 정답 1
お礼にはおよびません。当然のことをしたまでですから。 감사 인사는 필요 없습니다. 당연한 일을 했을 뿐이니까요.

POINT ＜にはおよばない＞

접속 [AにはおよばAない]

의미 「A 의／할 필요는 없다」 A＝동사 사전형, 명사

사용법 「ご心配にはおよびません。何とかしますので、大丈夫です」「敵を恐れるにはおよばない。全力で戦えばきっと勝てる」

⚠ あらたまった会話で使うことが多い。

175 정답 1
いい悪いは別にして、これは今までにない新しいアイデアですね。 좋고 나쁘고는 별개로, 이것은 지금까지 없는 새로운 아이디어네요.

POINT ＜は別にして＞

접속 [Aは 別にして] A＝명사, 동사／い형용사／な형용사（현재형［～］［～である］)・보통형＋か／かどうか
[A、Bは別にして] A와 B는 반대가 되는 말, 반대어

의미 「A 를 제외하고 / 문제삼지 않고」

사용법 「ここで働く職員は、アルバイトは別にして全員が外国人です」「うまくいくかどうかは別にして、とにかくチャレンジしてみよう」「好き嫌いは別にして、あの歌手の歌唱力は高く評価するべきだ」

176 정답 4
毎日こんなに降ると、洪水にならないとも限らない。 매일 이렇게 내리면 홍수가 날 우려가 있다.

POINT ＜ないとも限らない＞

접속 [A ないとも限らない] A＝동사 ない형

의미 「A(할) 우려가 있다」 (A 는 좋지 않은 것)

사용법 「旅行先で事故にあわないとも限らないから、保険に入っておこう」「あの火山は、最近小さい噴火を繰り返しているから、大噴火が起こらないとも限らない」

177 정답 1
この骨董品の皿は売り物ではないが、条件によっては売らないものでもない。 이 골동품 그릇은 파는 것은 아니지만, 조건에 따라 팔지 않는 것도 아니다.

POINT ＜ないものでもない＞ 참고 150

178 정답 2
会社の非常時にあって、社長はどうしてあんなにのんびり構えていられるのだろう。 회사의 비상 시기에, 사장은 어째서 저렇게 한가한 태도로 있을 수 있을까?

POINT ＜にあって＞ 참고 278

접속 [Aにあって] A＝명사

의미 「A 의 상황에서 (A 는 주어진 상황을 나타낸다)

사용법 「彼は、キャプテンという立場にあってチームをまとめるために苦労している」

179 정답 1
世界の国々がもっと相互理解を深めることで平和が実現できるというふうに私は考えるのですが。 세계의 각국이 좀 더 상호이해를 돈독히 하면 평화가 실현될 것이라고 저는 생각하고 있습니다만.

POINT ＜というふうに＞

접속 [A というふうに (考える／思う)] A＝문장

의미 「A 라고 (생각하다／생각하다)」

사용법 「子どもには親の優しい愛情だけでなく厳しいしつけも必要だというふうに私は思います」

⚠ 「～と考える／思う」는 의견을 확실히 전달하는 말투이지만, 「～という風に考える／思う」는 조금 애매한 말투로, 부드러운 인상을 준다.

180 정답 1
雨上がりの山道で転んで、どろまみれなってしまった。 비가 갠 산길에서 굴러서, 흙투성이가 되고 말았다.

POINT ＜まみれ＞ 참고 134

제 19 회

181 정답 2
もう冬なのに台風が来るとは、驚きだ。 이미 겨울인데 태풍이 오다니 놀랍다.

POINT ＜とは＞ 참고 216
- 접속 [Aとは]
  A＝동사／형용사／명사 보통형, 명사 [～]
- 의미 「A 라는 것은」(A 는 놀라운 것, 의외인 것)
- 사용법 「こんな町の真ん中に熊が出るとは、だれも思っていなかった」

182 정답 4
この地方に伝えられている昔話には、謎めいた物語が数多くある。 이 지방에 전해져 오고 있는 옛날 이야기에는 신비스러운 이야기가 많다.

POINT ＜めく＞ 참고 197
- 접속 [Aめいた]
  A＝명사 ＊［めく］／［めいた］＋명사, ［めいて］＋동사／い형용사／な형용사
- 의미 「A 와 같은 느낌이 들다」(A 는「謎 의문」「秘密 비밀」「批判 비판」「春 봄」등)
- 사용법 「日差しが明るくなり、花のつぼみもふくらんで、ようやく春めいてきた。」

딱딱한 표현

183 정답 4
A氏の代表作といえば、この作品をおいてほかにない。 A 씨의 대표작이라고 하면 이 작품밖에 없다.

POINT ＜をおいて＞ 참고 104

184 정답 3
なんでもいいですから、とにかくあなたが見たなりに話してください。 아무거나 좋으니까, 일단 당신이 본대로 이야기하세요.

POINT ＜たなり＞
- 접속 [Aなり] A＝동사 た형
- 의미 「A 한 채로」「A 한 대로」
- 사용법 「老人は一日中椅子に座ったなりで、動こうとしない」

185 정답 3
どんな仕事を与えられても、ベストをつくさねばという気持ちが大切だ。 어떠한 일이 주어져도 최선을 다하지 않으면 안 된다라는 마음이 중요하다.

POINT ＜ねば＞
- 접속 [A ねば／ねばならない]
  A＝동사 ない형「する」→「せねば」
- 의미 「A(하)지 않으면 안 된다」
- 사용법 「論文提出の締め切りが近い。なんとか間に合わせねばとあせっている」「結婚するからには、明るい家庭を作らねばと思っています」

186 정답 3
今回の成績は、私なりに精一杯努力した結果だった。 이번 성적은 나 나름대로 힘껏 노력한 결과였다.

POINT ＜なりに＞
- 접속 [Aなりに] A＝명사
- 의미 「A 가 가능한 범위에서／A 에 맞는 방식으로」(A 는 사람이나 기관을 나타내는 말)
- 사용법 「子供は子供なりに将来どんな大人になったらいいのか考えている」

⚠ 참고 119

187 정답 4
見るともなしに雑誌をめくっていたら、私の出身高校の記事が載っていた。 별 생각없이 잡지를 넘기고 있었더니, 내 출신 고등학교 기사가 실려 있었다.

POINT ＜ともなしに＞
- 접속 [Aともなしに] A＝동사 사전형
- 의미 「특히 A 하고 싶다는 것은 아니지만」(A 는「見る 보다」「聞く 듣다」「考える 생각하다」등)
- 사용법 「どこへ行くともなしに散歩をしていたら、ちょっと変わった喫茶店を見つけた」

⚠ 「ともなく」도 똑같이 쓰인다. 참고 123

188 정답 3
家事を全部しろとは言わないまでも、せめて食事の後片づけの手伝いくらいはしてほしい。 집안일을 전부 하라는 건 아니지만, 적어도 식사 후 정리를 도와주는 것 정도는 해줬으면 한다.

POINT ＜ないまでも＞ 참고 298

접속 [Aないまでも] A＝동사 ない형
의미 「A 만큼의 정도는 아니더라도／A 까지는 아니지만」
사용법 「今全額を返済し**ないまでも**、いつまでに返済できるかぐらいは言うべきだ」
⚠ ◇ 「〜とは言わないまでも／〜とは言えないまでも」가 자주 쓰인다.
◇ 「くらい／ぐらい」와 함께 쓰는 경우가 많다.

189 정답 3
「今度はいつこちらに**おいでになり**ますか」「来月の初めに参る予定です」 「다음은 언제 이쪽으로 오실 겁니까?」「다음 달 초에 갈 예정입니다.」
POINT **＜おいでになる＞**
의미 「오시다 (가다／오다／있다)」(존경어)
사용법 「お父様はお宅に**おいでになり**ますか」「はい、おります」

190 정답 1
X選手とY選手の２人は抜き**つ**抜かれ**つ**で走っていたが、ゴール寸前でY選手がスピードを上げて、そのままゴールした。 X 선수와 Y 선수 두 사람은 서로 엎치락뒤치락 달리고 있었는데, 골인 바로 전에 Y 선수가 속도를 올려서 그대로 골인했다.
POINT **＜〜つ〜つ＞** 참고 117

제 20 회

191 정답 3
自分は関係がないと言わ**んばかり**に、彼女は横を向いた。 자신은 관계없다는 듯이 그녀는 고개를 돌렸다.
POINT **＜んばかり＞** 참고 147
딱딱한 표현

192 정답 2
散歩**がてら**、最近近くに引っ越してきた妹のアパートを訪ねてみた。 산책할 겸 최근 근처로 이사 온 여동생의 아파트를 들러봤다.
POINT **＜がてら＞** 참고 146

193 정답 3
大企業が相次いで倒産するという事実に、驚き**を禁じ得ない**。 대기업이 차례대로 도산한다는 사실에 놀라움을 금할 수 없다.

POINT **＜を禁じ得ない＞** 참고 208
접속 [Aを禁じ得ない] A＝명사
의미 「A 하는 기분을 멈출 수 없다／굉장히 A 다」(A 는 「驚き 놀람」「怒り 화남」「同情 동정」등의 감정을 나타내는 말)
사용법 「この事件の犯人の、夫に尽くしても尽くしても裏切られたという人生には、同情**を禁じ得ない**」 이 사건 범인의, 남편에게 헌신하고 헌신해도 배신당했다고 하는 인생에 대해서는 동정을 금할 수 없다」
딱딱한 표현

194 정답 3
新人の**こととて**ご迷惑をおかけすることも多いかと思いますが、どうかよろしくご指導をお願い申し上げます。 신인이라서 폐를 끼치는 일도 많을 거라고 생각하지만, 부디 좋은 지도 부탁드립니다.
POINT **＜こととて＞** 참고 21

195 정답 3
結婚式前日の気持ちは、うれしい**というか**、さびしい**というか**、なんとも説明しがたい複雑なものだった。 결혼식 전날의 기분은 기쁘다고 할까, 슬프다고 할까, 뭐라고 설명하기 어려운 복잡한 것이었다.
POINT **＜というか、というか＞**
접속 [Aというか、Bというか] A , B＝い형용사 [〜い] ／な형용사 [〜]
의미 「A 이기도 하고 , B 이기도 하고 , 확실히 형용할 수 없다」
사용법 「あの人の演奏は、超人的**というか**、天才的**というか**、とにかく信じられない素晴らしさだ」「この野菜は何ですか。苦い**というか**、すっぱい**というか**、変わった味ですね」
⚠ 회화에서는 「というか」가 「っていうか」로 바뀌는 경우가 많다.

196 정답 1
大学入学以来 10 年暮らしたこの町は、大学時代の思い出**と相まって**、私の「心のふるさと」となった。 대학 입학 이후 10 년간 살았던 이 마을은 대학 시절의 추억과 더불어 나의「마음의 고향」이 되었다.
POINT **＜と相まって＞** 참고 75 102
딱딱한 표현

197 정답 4
彼の小説についての批判めいた記事が雑誌に載っていた。 그의 소설에 대해 비판한 듯한 기사가 잡지에 실려 있었다.
POINT ＜めく＞　참고 182
딱딱한 표현

198 정답 3
彼女、さっきから笑いっぱなしだけど、何がそんなに面白いんだろう。 그녀는 아까부터 웃기만 하는데, 뭐가 그렇게 재미있을까?
POINT ＜っぱなし＞　참고 269
[접속] ［Aっぱなし（だ）］ A＝동사 ます형
[의미] ① 「A 한 채로 (다음에 하지 않으면 안 되는 것을 하지 않고 있다)」
② (문제문 중의 용법) 「쭉 A 를 계속 하고 있다／몇 번이나 계속해서 A 하고 있다」
[사용법] ①의 예 : 「もうだれもいないのに、部屋の電気がつけっぱなしになっている」
②의 예 : 「一日中立ちっぱなしだったので、足が痛くなった」「彼は最近課長に怒られっぱなしだ」

199 정답 1
骨折したために、今は歩くことはおろか、立つこともできない。 뼈가 부러진 탓에, 지금은 걷는 것은 커녕 일어나지도 못한다.
POINT ＜はおろか＞　참고 244
[접속] ［AはおろかBも〜ない］
A , B＝동사 사전형＋こと, 명사
[의미] 「A 는 물론 B 도 (안 한다／할 수 없다)」
[사용법] 「アメリカに留学した息子は、手紙はおろか電話もかけてこない」

200 정답 4
彼は特に優秀ということもなくて、まあまあ人並みというところだ。 그는 특별히 우수하지도 않고 남들만큼의 정도이다.
POINT ＜というところだ＞
[접속] ［Aというところだ］ A＝명사
[의미] 「A 정도다」(A 는 정도를 나타내는 말／수량을 나타내는 말)
[사용법] 「このイベントの参加者の予測は、1 日 800 から 1000 人というところだ」
⚠ 「といったところだ」도 똑같이 쓰인다.　참고 219

제 21 회

201 정답 4
「これを限りに、もう酒はやめる」と何度言ったことか。でも、やっぱりやめられない。 「이것을 끝으로 더 이상 술은 안 마신다」고 몇 번이나 말했던가. 하지만 역시 그만둘 수 없다.
POINT ＜を限りに＞　참고 32

202 정답 2
たとえ未成年であれ、罪を犯したのなら、厳しく罰するべきだ。 설령 미성년자라고 한들, 죄를 지었다면 엄하게 벌해야 한다.
POINT ＜であれ＞　참고 93

203 정답 3
その城の窓という窓には美しい装飾が施されている。 그 성의 창문이라는 모든 창문에는 아름다운 장식이 달려 있다.
POINT ＜〜という〜＞
[접속] ［AというA］ A＝명사
[의미] 「모든 A／어떤 A 도 모두」(「전부」를 강조하는 표현)
[사용법] 「森という森の木の葉は、酸性雨のために枯れてしまった」

204 정답 2
店員の態度はその店の評判にかかわるとあって、アルバイト店員にも接客の研修をする店が増えている。 점원의 태도는 그 가게의 평판과 관계되어서, 아르바이트 점원에게도 접객 연수를 하는 가게가 늘고 있다.
POINT ＜にかかわる＞　참고 295
[접속] ［Aにかかわる］ A＝명사
[의미] 「A 에 영향이 있다」(A 는「命 목숨」「名誉 명예」「評判 평판」등 큰 영향이 있는 것)
[사용법] 「それは個人の尊厳にかかわる問題だから、軽々しく扱うことはできない 저것은 개인의 존엄과 관계된 문제이니, 가볍게 처리할 수는 없다」
「領土問題は両国の友好にかかわる重要な外

交課題である」 영토 문제는 양국의 우호와 관계된 중요한 외교 과제이다」

205 정답 1
国の景気対策は実情に即したものでなければならない。 국가의 경기 대책은 실정에 맞는 것이 아니면 안 된다.
POINT <に即した> 참고 8

206 정답 3
高速道路を作ったが最後、この島の美しい自然は二度と元には戻らないだろう。 고속도로를 만들면 이 섬의 아름다운 자연은 두 번 다시 제자리로 돌아오지 않을 것이다.
POINT <が最後> 참고 262
- 접속 [Aが最後] A=동사 た형
- 의미 「A 하면 반드시 (A 한다면 큰일이 나서 원래 상태로는 되돌아올 수 없는 것을 나타낸다)」
- 사용법 「学校へ行きたくないなんて言ったが最後、先生や両親にあれこれしつこく聞かれるだろう」

207 정답 2
賞品の発送をもって、当選者の発表に代えさせていただきます。 상품 발송으로 당선자 발표를 대신하겠습니다
POINT <をもって> 참고 71
딱딱한 표현

208 정답 4
弱者を無視した法案を国会に提出した政党に対し、私達は怒りを禁じ得ない。 약자를 무시한 법안을 국회에 제출한 정당에 대해 우리는 분노를 금할 수 없다.
POINT <を禁じ得ない> 참고 193
딱딱한 표현

209 정답 2
一度ならまだしも、二度、三度と同じミスを繰り返すなんてひどい。 한 번이라면 몰라도 두 번, 세 번 같은 실수를 반복하다니 심하다.
POINT <ならまだしも>
- 접속 [A ならまだしも B]
  A=동사 사전형／ない형, い형용사 [～い], な형용사 [～な], 명사
- 의미 「A 는 허락해도 괜찮지만, B(허락할 수 없다／나쁘다／심하다)」
- 사용법 「大声でどなるだけならまだしも、暴力をふるったなんて許せない 큰소리로 고함치기만 했으면 모를까, 폭력을 휘둘렀다니 용서할 수 없다」
「冗談で言うならまだしも、本気でそんなことを言うだろうか 농담으로 얘기하는거면 모를까 , 정말로 그런 얘기를 할까」

210 정답 1
彼は汚職がらみの事件に巻き込まれ、退職せざるをえなくなった。 그는 오직에 얽힌 사건에 휘말려, 퇴직하지 않을 수 없게 되었다.
POINT <がらみ>
- 접속 [Aがらみだ／AがらみのB] A, B＝명사
- 의미 「A 에 관계가 있다」
- 사용법 「あの男は前に暴力団がらみの事件で逮捕されたことがある」

제 22 회
211 정답 1
あの人がそんなばかなことを言うはずがない。よもや本気ではあるまい。 저 사람이 그런 바보 같은 말을 했을 리가 없다. 설마 진심은 아니겠지.
POINT <よもや>
- 접속 [よもや A（ない／まい）] A=부정문
- 의미 「설마 (생각할 수 없다)」
- 사용법 「私はよもや彼が犯人だとは思っていなかった」
「それはよもや真実ではあるまい 그것은 설마 진실은 아니겠지」
딱딱한 표현

212 정답 2
飛行機が墜落した現場は、見るにたえないひどい状況だった。 비행기가 추락한 현장은 보기 힘들 정도로 심한 상황이었다.
POINT <にたえない>
- 접속 [Aにたえない] A＝동사 사전형, 명사
- 의미 ①（문제문 중의 용법）「A 것이 불가능할 정도로 심하다 (A 는「見る 보다」「聞く 듣다」「読む 읽다」등)」
②「굉장히 A 하고 있다」(A 는「感謝 감사」등)

[사용법] ①의 예 : 「2人の言い争いは聞くにたえない ものだった」
②의 예 : 「温かいご支援をいただき、感謝に たえません」

213 정답 **1**

働けど働けど暮らしが一向に良くならないという気の毒な人たちが増えている。 일하고 일해도 살림이 전혀 나아지지 않는다는 불쌍한 사람들이 늘고 있다.

POINT ＜ど（も）、ど（も）＞

[접속] [A ど（も）、A ど（も）]
A＝동사 「え」단의 형태　働く→働けど（も）
行く→行けど（も）　する→すれど（も）

[의미] 「A 해도, A 해도／아무리 A 해도」

[사용법] 「勉強すれど勉強すれど、成績は上がらない」「登れども、登れども、山の頂上はまだ遠い」

214 정답 **2**

3 連休の最終日とあって、東京方面へ向かう高速道路は大渋滞となっている。 3일 연휴의 마지막 날이라서 도쿄 방면으로 향하는 고속도로는 정체되고 있다.

POINT ＜とあって＞

[접속] [Aとあって] A＝동사 보통형, 명사

[의미] 「A 니까, 역시」（A 는 당연한 이유를 나타낸다. A 를 강조하는 표현）

[사용법] 「今週末は夏祭りとあって、町がにぎやかだ」「台風が来るとあって、町は人通りが少ない」

215 정답 **3**

お休みのところを申し訳ありませんが、少しお尋ねしたいことがありまして…。 휴일이신데 죄송합니다만, 여쭤볼 말이 있어서…….

POINT ＜ところ（を）＞　참고 173

216 정답 **2**

そのとき彼女が自殺まで考えていたとは、思いもよらなかった。 그때 그녀가 자살까지 생각했다고는 생각도 하지 못했다.

POINT ＜とは＞　참고 181

217 정답 **2**

ころころと変わる国の政策は、国民に不信感を与えないではおかないだろう。 쉽게 변하는 나라의 정책은 국민에게 불신감을 줄 수밖에 없겠지.

POINT ＜ないではおかない＞　참고 88

218 정답 **1**

「お客さまはもう見えましたか」「いいえ、まだいらっしゃいません」）「손님은 벌써 오셨습니까?」「아니요, 아직 안 오셨습니다.」

POINT ＜見える＞

[접속] [見えます／お見えになります／お見えです]

[의미] 「오다」(존경어)

[사용법] 「今日はどなたが見えますか」「先生がお見えです」

219 정답 **2**

試験の受験者は、450 人から 460 人といったところです。 시험 수험자는 450 명에서 460 명 정도입니다.

POINT ＜といったところだ＞

[접속] [Aといったところだ] A＝명사

[의미] 「A 정도이다」(A 는 정도를 나타내는 말 / 수량을 나타내는 말)

[사용법] 「このイベントの参加者は、1 日 800 から 1000 人といったところだ」「1 日に覚えられる漢字の数は 10 から 15 といったところで、それ以上は無理だ」

⚠ 「というところだ」도 똑같이 쓰인다.　참고 200

220 정답 **3**

この虫に刺されると、毒のために呼吸困難になることすらある。 그 벌레에 물리면 독 때문에 호흡곤란이 되는 경우까지 있다.

POINT ＜すら＞　참고 91

제 23 회

221 정답 **2**

日中は乗降客の少ない郊外の駅も、朝のラッシュ時ともなると、ホームは人であふれかえる。 대낮에는 승객이 적은 교외의 역도, 아침 출근 때가 되면 홈은 사람들로 붐빈다.

POINT ＜ともなると＞ 참고 125

222 정답 2
A市の市長選挙は、ひとりA市の市民のみならず、全国民に注目されている。 A 시의 시장 선거는 A 시의 시민뿐만 아니라 전 국민에게 주목 받고 있다.

POINT ＜ひとり～のみならず＞ 참고 264

- 접속 [ひとりAのみならず] A＝명사
- 의미 「A 뿐만 아니라」(A 는 사람이나 기관)
- 사용법 「景気の低迷はひとり我が国のみならず、アジア全体の問題である」 경기 침체는 단순히 우리나라뿐만이 아닌, 아시아 전체의 문제이다」

딱딱한 표현

223 정답 2
「社長は今、ご在宅でしょうか」「いいえ、主人はあいにく出かけております」 「사장님은 지금 댁에 계십니까?」「아니요, 남편은 공교롭게도 외출했습니다.」

POINT ＜ご在宅＞

- 접속 [（人）はご在宅（だ）]
- 의미 「자신의 집에 있다」(존경어)「ご在宅だ」＝「お宅にいらっしゃる」
- 사용법 「ご主人はご在宅ですか」「電気がついているところを見ると、先生はご在宅のようですね」

224 정답 3
T国政府の対応いかんによっては、国交の断絶もやむをえないのではないか。 T 국 정부의 대응 여하에 따라서는 국교의 절교도 어쩔 수 없는 것 아닌가.

POINT ＜いかんによっては＞

- 접속 [AいかんによってはB] A＝명사
- 의미 「A 의 상황에 따라 바뀌지만 , 어떤 상황이 된 경우에는 B 가 될 가능성이 있다」(A 는 여러가지 변화가 있는 사항을 나타내는 말)
- 사용법 「この仕事は大変そうだが、条件や待遇いかんによっては引き受けてもいいと思っている」 이 일은 힘들어 보이지만 조건, 대우 여하에 따라서는 받아들여도 좋다고 생각하고 있다」

⚠ 「いかん」＝「どうか／どのような状況か」
「いかんで／いかんでは」도 똑같이 쓰인다.

딱딱한 표현

225 정답 2
最近の若者は権利を主張するばかりで、義務を怠るきらいがある。 최근의 젊은이는 권리를 주장할 뿐, 의무를 게을리하는 경향이 있다.

POINT ＜きらいがある＞ 참고 55

226 정답 4
私と彼は同じ年の同じ時間に生まれ、遠く離れたこの町でめぐり合った。これが運命でなくてなんだろう。 나와 그는 같은 해 같은 시간에 태어나서, 멀리 떨어진 이 마을에서 만났다. 이것이 운명이 아니고 무엇이란 말인가.

POINT ＜でなくてなんだろう＞ 참고 121

227 정답 2
この機械はずいぶん古い型のものだが、今でも十分実用にたえる。 이 기계는 꽤 오래된 형태이지만, 지금도 충분히 실용적이다.

POINT ＜にたえる＞ 참고 51

- 접속 [Aにたえる] A＝명사
- 의미 「유지하다／괜찮다」
- 사용법 「大地震の揺れにもたえる高層ビルが増えた」

228 정답 4
レポートがうまくまとまらない。書いては消し、書いては消しで、一向に進まない。 리포트가 잘 정리되지 않는다. 몇 번이나 쓰고는 지우고 전혀 진행되지 않는다.

POINT ＜ては～、ては＞

- 접속 [A ては B、A ては B]
  A＝동사 て형 B＝동사 ます형
- 의미 「몇 번이나 A 하거나 B 하거나 하는 것」「A 와 B 를 반복해서 하는 것」
- 사용법 「道路の渋滞で、車は、走っては止まり、走っては止まり、という状態だ」「スキーの初心者は、滑っては転び、滑っては転びをくり返すうちに、だんだん上手になっていく」「人生は泣いては笑い、泣いては笑いのくり返しです」

⚠ A 와 B 는 반대말이 많다.

229 정답 2
どんなに苦しくてもがんばれるのは、家族の支えがあればこそです。 아무리 괴로워도 힘낼 수 있는 것은 가족의 지지가 있기 때문입니다.

POINT <ばこそ> 참고 287

접속 [Aばこそ]
　　Aば=동사 ば형, い형용사「〜ければ」, な형용사「〜ならば」「〜であれば」, 명사「〜であれば」

의미 「A 니까」(A 는 이유를 나타낸다. 이유를 강조하는 표현)

사용법 「私が厳しいことを言うのは、君たちを優勝させたいと思えばこそなのだ」

230 정답 4
週末にはゆっくり休めると思いきや、休日出勤しなければならなくなってしまった。 주말에는 편안히 쉴 수 있다고 생각했더니, 휴일에 출근해야만 하게 되었다.

POINT <と思いきや> 참고 132
딱딱한 표현

제 24 회

231 정답 2
夫の仕事が成功しようとしまいと、私は彼を支え続けるつもりです。 남편의 일이 성공하든 안 하든, 나는 그를 계속 지지할 것입니다.

POINT <〜うと〜まいと>

접속 [A(よ)うとAまいと]
　　Aう=동사 의지형　Aまい=동사 사전형+まい

의미 「A 해도 A 하지 않아도 변함없이」

사용법 「彼が成功しようとするまいと私には関係のないことだ」

232 정답 2
そのことなら、私ども皆よく存じておりますので、ご心配には及びません。 그 일이라면 저희 모두 잘 알고 있으니, 걱정하실 필요 없습니다.

POINT <存じる>

접속 ①［(私は) A を 存じております］A=명사, 문장
　　②［(私は Aく／に 存じます］A=い형용사［〜く］, な형용사［〜に］

의미 ① (문제문 중의 용법)「(나는) A를 알고 있습니다」
　　② 「(나는) A라고 생각합니다」(겸양어)

사용법 ①의 예：「あなたのお名前はよく存じております。有名でいらっしゃいますから」
　　　②의 예：「大変お元気そうで、うれしく存じます」

233 정답 3
ここまで問題が大きくなった以上は、社長自らが事情を説明し、謝罪せずにはすまないだろう。 여기까지 문제가 커져 버린 이상, 사장 스스로가 사정을 설명하고 사죄하지 않으면 안 되겠지.

POINT <ずにはすまない> 참고 3

234 정답 4
この店は、食前酒からデザートに至るまで、すべて一流の味を楽しませてくれる。 이 가게는 식사 전 술에서 디저트에 이르기까지, 전부 일류의 맛을 즐길 수 있게 해준다.

POINT <に至るまで>

접속 [Aに至るまで] A=동사 사전형, 명사

의미 「A 까지 넓히다, 전부」

사용법 「携帯電話は、今や子供から老人に至るまで広く普及している」

235 정답 2
うわあ、すごい。あるは、あるは、数え切れないよ。 우와, 굉장하다. 셀 수 없을 정도로 많이 있어.

POINT <〜は、〜は>

접속 [A は A は] A=동사 사전형

의미 「굉장히 많이 A(하다)」「놀랄 정도로 A(하다)」(「たくさん」을 강조한다)

사용법 「あいつと酒を飲んだんだけど、あいつ、飲むは飲むは、１人でウイスキー１本飲んじゃったよ」「久しぶりに花ちゃんに会ったら、彼女、しゃべるはしゃべるは、２時間しゃべりっぱなしだったよ」

⚠ ◇ A는 수나 양에 관계되는 동사가 많다. 예)「ある」「いる」「飲む」「食べる」등.
　　◇ 구어체로 쓰이는 경우가 많다.

236 정답 1
たまには我が家のほうにもお越しください。 가끔은 우리 집에도 들러주세요. (와주세요)

POINT <お越し>

접속 [お越しです／お越しになります／お越しください]

의미 「가는 것／오는 것」(존경어)

사용법 「いつでもこちらへお越しください。お待ちしております」「どちらへお越しですか」

237 정답 4

地元住民の反対をよそに、自治体はごみ処理場の建設を開始した。 고향 주민의 반대를 무릅쓰고, 자치단체는 쓰레기 처리장의 건설을 개시했다.

POINT ＜をよそに＞　참고 290

- 접속 ［Aをよそに］　A＝명사
- 의미 「A 를 무시하고」
- 사용법 「優勝戦を前に興奮する周囲をよそに、選手たちはいつも通りの練習を行った」「子供の泣き声をよそに、母親はおしゃべりに夢中だ」

238 정답 3

二酸化炭素の削減は、世界各国の協力なくしては実現できない。 이산화탄소의 감소는 세계 각국의 협력 없이는 실현 불가능하다.

POINT ＜なくして（は）＞　참고 153

239 정답 4

世界でトップの銀行が倒産するなんて、誰も想像だにしなかった。 세계에서 최고 은행이 도산하다니, 아무도 상상조차 하지 않았다.

POINT ＜だに＞　참고 300

- 접속 ［Aだにしない］　A＝명사
  ［A（する）だに〜］　A＝동사 사전형
- 의미 「A 도 하지 않다／A 조차 하지 않다」「A 할 뿐으로 〜」
- 사용법 「宮殿の門に立っている衛兵は微動だにしなかった 궁전 문에 서 있는 위병은 미동조차 하지 않았다」
  「東京で地震が起きたらどうなるだろう。考えるだに恐ろしい」

딱딱한 표현

240 정답 1

もうすぐ試験だというのに、息子は勉強もそっちのけで遊んでばかりいる。 이제 곧 시험인데, 아들은 공부도 제쳐놓고 놀기만 한다.

POINT ＜てばかりいる＞

- 접속 ［A てばかりいる］　A＝동사 て형
- 의미 「언제나／자주 A(하) 고 있다」
- 사용법 「離婚してから、彼は酒を飲んでばかりいる」
  「カメラマンの兄は、撮影で旅行してばかりいて、家にいることはほとんどない」

제 25 회

241 정답 2

経営者は、会社が社員あってのものであることを忘れてはならない。 경영자는 회사가 사원이 있어야만 존재할 수 있다는 사실을 잊어서는 안 된다.

POINT ＜あっての＞

- 접속 ［AあってのB］　A＝명사　B＝명사
- 의미 「A 가 없었다면 B 는 성립되지 않는다／A 가 있으니까 B 가 존재할 수 있다」(B 가 A 의 은혜를 받고 있는 것을 나타낸다)
- 사용법 「あなたあっての私です。あなたにはとても感謝しています」

242 정답 2

たとえ大きくリードしていたとしても、試合終了の合図があるまでは、一秒たりとも油断はできない。 설령 큰 점수 차로 앞서고 있다 해도, 시합 종료 신호가 있기 전까지 1 초도 방심할 수 없다.

POINT ＜たりとも＞　참고 139

243 정답 4

旅先でその土地ならではの郷土料理を食べるのは楽しいことだ。 여행지에서 그 나라만의 향토요리를 먹는 것은 즐거운 일이다.

POINT ＜ならでは＞　참고 115

244 정답 1

息子は、就職はおろかアルバイトもせず、毎日遊んで暮らしている。 아들은 취직은커녕 아르바이트도 하지 않고, 매일 놀면서 생활하고 있다.

POINT ＜はおろか＞　참고 199

245 정답 4

先生はお忙しくていらっしゃるようですから、また後日あらためて参りましょう。 선생님은 바쁘신 것 같으니까, 며칠 뒤에 다시 봅시다.

POINT ＜お〜ていらっしゃる＞

- 접속 ［お A て（で）いらっしゃる］
  A＝い형용사［〜くて］, な형용사［〜で］
- 의미 「A 다」(존경어)
- 사용법 「先生の奥様はお若くていらっしゃいますね」
  「お母様はお元気でいらっしゃいますか」

246 정답 1
2月の北海道は、寒いのなんのって。冷凍人間になりそうだ。 2월의 홋카이도는 너무 춥다. 냉동인간이 될 것 같다.

POINT <のなんのって>
- 접속 [A のなんのって]
  A=동사／い형용사／な형용사 [～な] 보통형
- 의미 「대단히／굉장히 A」(A를 강조한다)
- 사용법 「あの学生はがんばる**のなんのって**。すごい努力家だ」「昨日の試験は難しかった**のなんのって**。きっと平均点は低いだろうね」
- ⚠ 「(寒い)の(寒く)ないのって」「(寒い)ったらない」「(寒い)ったらありゃあしない」도 「ものすごく(寒い)」라는 의미로, 똑같이 강조 표현. 구어체로 쓰인다.

247 정답 2
彼は希望の大学に入学したものの、校則違反をしたために退学を余儀なくされた。 그는 희망하는 대학에 입학했지만, 교칙위반 하였기에 퇴학하지 않을 수 없게 되었다.

POINT <を余儀なくされる> 참고 74
딱딱한 표현

248 정답 4
新入社員ごときに負けるものかと、ベテラン社員たちも営業成績を伸ばそうと必死になっている。 신입사원 따위에 질 것 같냐며, 베테랑 사원들도 영업 성적을 올리려고 필사적이다.

POINT <ごときに>
- 접속 [Aごときに] A=명사
- 의미 「A 따위에」
- 사용법 「子供**ごときに**馬鹿にされたくない」「こんな重大な役目は私**ごときに**は務まりません」
- ⚠ A를 명시하는(낮게 보는) 표현
딱딱한 표현

249 정답 4
子どもが生まれてからというもの、家に帰るのが楽しくてしかたがない。 아이가 태어나면서 집에 가는 것이 즐거워 어쩔 수가 없다.

POINT <てからというもの> 참고 28

250 정답 2
彼は昨日の夜、酒に酔って駅の階段から落ちたそうだ。よくけがをしなかったものだ。 그는 어제 저녁, 술에 취해서 역의 계단에서 떨어졌다고 한다. 신기하게도 상처는 없다.

POINT <よく～ものだ>
- 접속 [よく A ものだ] A=동사 보통형
- 의미 「A에 놀라고 있다／A가 믿어지지 않다」
- 사용법 「彼は山で大きな熊に出合ったそうです。**よく**生きて帰れた**ものですね**」「1週間ほとんど寝ずに作品を完成させた。我ながら、**よく**がんばった**ものだ**と思う」
- ⚠ 「よく」를 사용하여 「驚き(놀라움)」을 나타내는 「ものだ(～구, 구나)」의 표현을 강조한 표현.

제 26 회

251 정답 1
建設現場での作業は、よほど注意しないと事故につながりかねない。 건설 현장에서의 작업은 특히 주의하지 않으면 사고로 이어질 수 있다.

POINT <よほど～ないと>
- 접속 [よほどA (ない) と]
  A=명사, な형용사 [～でない]／동사 ない형／い형용사 [～くない]
- 의미 「대단히 자주／충분히 A(않으)면, (좋지 않은 일이 된다)」
- 사용법 「この仕事は、**よほど**体が丈夫で**ないと**勤まらない」「日本人が欧米で仕事をする場合は、**よほど**自己主張を**しないと**、存在を認めてもらえない」 일본인이 구미에서 일할 경우 어지간히 자기주장을 하지 않으면, 존재를 인정받지 못한다」

252 정답 1
動物といえども、尊い命をもつことでは人間と変わらない。 동물이라도 소중한 목숨을 가진 것은 사람과 다르지 않다.

POINT <といえども>
- 접속 [Aといえども] A=동사／형용사 보통형, 명사
- 의미 「A 라도」
- 사용법 「医者**といえども**、病気になることがある」「地震対策をした**といえども**、決して安心はできない」

253 정답 2
世間の人は**どうあれ**、私には、そういう不道徳なことは断じて許せない。 세상 사람들이 어떻든 간에, 나는 그러한 부도덕한 일은 결코 용서할 수 없다.

POINT ＜はどうあれ＞

- 접속 ［A はどうあれ］ A＝명사
- 의미 「A는 그렇다고 해도」「A는 어떨지 모르겠지만」「A와 관계없이」
- 사용법 「小さい子ども**はどうあれ**、社会人なら敬語をきちんと使うべきだ」「経済的な事情は**どうあれ**、自分の子に義務教育を受けさせるのは当然のことだ」
- ⚠ 강한 주장을 서술하는 문장에 쓰일 때가 많다.

딱딱한 표현

254 정답 1
恩師の著書の出版を祝う**べく**、教え子が集まってパーティーを開いた。 은사의 저서 출판을 축하하기 위해 제자가 모여 파티를 열었다.

POINT ＜べく＞ 참고 170

딱딱한 표현

255 정답 2
子供なら**いざ知らず**、大人がそんなことをするもんですか。絶対にしませんよ。 어린애라면 모를까, 어른이 그럴 걸 하겠습니까? 절대로 안 해요.

POINT ＜いざ知らず＞

- 접속 ［A は／なら いざ知らず、B は〜］ A , B＝명사
- 의미 「A 에 대해서는 어떤지 모르지만, 그래도 B 는」「〜A 는 그렇다 치고 B 는」
- 사용법 「世間の人は**いざ知らず**、私にはそのような不公平はがまんできない」
- ⚠ ◇「〜については知らないけれど／わからないけれど」를 강조하는 표현.
  - ◇ A = 문장도 있음 예 「自分が食べたいならいざ知らず、食べもしないのに高いお正月料理を買うなんて、どういうつもりなのだろう」

256 정답 3
課長はかなり多忙らしく、昼食も**そこそこに**パソコンに向かっている。 과장님은 굉장히 바쁜 듯이 점심도 먹는 둥 마는 둥 컴퓨터를 향해 있다.

POINT ＜もそこそこに＞

- 접속 ［A もそこそこに］ A＝동작을 나타내는 명사
- 의미 「천천히 A 를 하지 않고」(서두르고 있어 안절부절한 상태를 나타낸다)
- 사용법 「母が交通事故にあったという知らせを受けて、上司や同僚へのあいさつ**もそこそこに**職場を飛び出した 엄마가 교통사고를 당했다는 소식을 듣고, 상사와 동료에게 인사도 하는둥 마는둥 하다시피 하고 뛰쳐 나왔다」

257 정답 3
彼は周囲の反対を押し切って会社を作ったが、経営に失敗し、親に借金の返済をしてもらう**しまつだ**。 그는 주위의 반대를 무릅쓰고 회사를 만들었지만, 경영에 실패하고, 부모가 대신 빚을 갚아주는 상황이다.

POINT ＜しまつだ＞ 참고 37

258 정답 2
世界一の高さを誇る塔「Zタワー」はあと1か月**もすれば**完成する。 세계 최고의 높이를 자랑하는 탑「Z타워」는 앞으로 한 달 후면 완성된다.

POINT ＜もすれば＞

- 접속 ［AもすればB］ A＝시간의 길이를 나타내는 명사 B＝문장
- 의미 「(A의 시간이)지나면, (B의 변화가 일어난다)」
- 사용법 「桜のつぼみがふくらんできた。あと4、5日**もすれば**咲き始めるだろう」
- ⚠ A는「짧은 시간」으로,「이제 곧이다, 이제 끝이다」라는 의미가 들어있다.

259 정답 3
息子を電車の事故で亡くした両親は、鉄道会社を訴え**ずにはおかない**と語った。 아들을 전철 사고로 잃은 부모는 철도 회사를 소송하겠다고 말했다.

POINT ＜ずにはおかない＞ 참고 33

260 정답 3
どんなに才能があったとしても、日々努力を積み重ねる**ことなしに**一流にはなれない。 아무리 재능이 있다고 해도, 매일 노력을 쌓지 않고는 일류가 될 수 없다.

POINT ＜ことなしに＞ 참고 118

딱딱한 표현

제 27 회

261 정답 3
高速道路でトラックが反対車線に飛び出し、あわや大事故というところだった。 고속도로에서 트럭이 반대 차선으로 뛰어들어 하마터면 대형사고가 날 뻔했다.

POINT <あわや>

접속 [あわや A 1 ところ] [あわや A 2 というところ] [あわやというとき／あわやというところ]
A 1 = 동사 사전형　A 2 = 명사

의미 「하마터면 A」「조금만 더 하면 A」「A가 일어나기 직전에」

사용법 「道を横断中にあわや車にひかれるところだった。危なかった」「あわや衝突というところで車が止まって、事故にならなかった」

⚠ 「ところ」「とき」와 같이 쓰일 때가 많다.

262 정답 3
私たちが付き合っていることを彼女に知られたが最後、あっという間にみんなに伝わってしまうだろう。 우리가 사귀고 있는 것을 그녀가 알면, 눈 깜짝할 새에 모두에게 전해지고 말겠지.

POINT <が最後>　참고 206

263 정답 4
こちらがお客様のご注文の品です。お気に召すとよろしいのですが。 이쪽이 손님이 주문하신 제품입니다. 마음에 드시면 좋겠습니다만.

POINT <お気に召す>

접속 [人は(が) ～を お気に召す] [～が 人の お気に召す]

의미 「마음에 들다」(존경어)

사용법 「これ、お気に召すかどうかわかりませんが、どうぞお使いください」「社長はこの絵が大変お気に召したそうです」

264 정답 2
新しいゴミ処理場の建設は、ひとり地域住民のみならず、近隣の市町村にもかかわる問題だ。 새로운 쓰레기 처리장의 건설은 단순히 지역 주민뿐만이 아니라 이웃 시읍면과도 관련되는 문제다.

POINT <ひとり～のみならず>　참고 222

딱딱한 표현

265 정답 4
ふだんはやさしい部長だが、本気で怒ったときの怖さといったらない。 평소에는 다정한 부장님이지만, 진심으로 화낼 때 굉장히 무섭다.

POINT <といったらない>　참고 111

266 정답 4
アメリカの人気ロックバンドが東京を皮切りに 6 つの都市でコンサートを行う。 미국의 인기 록 밴드가 도쿄를 시작으로 6개의 도시에서 콘서트를 한다.

POINT <を皮切りに>　참고 92

267 정답 1
この成功はスタッフ全員の協力によってもたらされたものだと言えよう。 이 성공은 스태프 전원의 협력으로 얻게 된 것이라고 말할 수 있을 것이다.

POINT <よう>

접속 [A よう]
A = 동사 가능형의 ます형／동사「できる」의 ます형

의미 「A 가능하겠지／A(하는) 것이 가능하겠지」

사용법 「この実験が成功すれば、将来ノーベル賞を受賞することもできよう」

⚠ 「言えよう」「できよう」가 자주 사용됨.

딱딱한 표현

268 정답 1
君が娘の将来について心配するのはもっともだが、彼女も子どもじゃないんだから、そっと見守るほうがいい。 자네가 딸의 장래에 대해 걱정하는 것은 이해하지만, 그녀도 어린애가 아니니까 조용히 지켜보는 것이 좋다.

POINT <もっともだ>

접속 [A は(も) もっともだ] A = 명사／문장+の

의미 「A는 당연하다／알다／이해할 수 있다／납득할 수 있다」

사용법 「この案に反対するあなたの意見ももっともですが、私の意見も聞いてください 이 안에 반대하는 당신의 의견도 지당합니다만, 저의 의견도 들어 주십시오」「失敗を経験しているあの人だから、そう言うのももっともだ 실패를 경험한 저 사람이니, 그렇게 얘기하는 것도 당연하다」

⚠ 「もっとも」는 な형용사이기 때문에, [もっともな+명사]의 형태로도 쓰인다. 예)「それは、もっともな考えだと私は思います 그것은 정말 좋은 생각이라고 저는 생각합니다」

269 정답 2
出したものはきちんとしまいなさい。出しっぱなしはだめですよ。 내놓은 것은 확실하게 처리하세요. 내놓은 채로 그냥 두는 것은 안돼요.

POINT <っぱなし> 참고 198

270 정답 2
この計画が成功するかどうかは、事前の準備にかかっている。 이 계획이 성공할지 어떨지는 사전 준비에 달려 있다.

POINT <にかかっている>

접속 [A は B にかかっている]
　　A, B＝명사／문장+か (どうか)

의미 「(A 는 B) 에 의한／나름이다」

사용법 「この問題の解決はあなたの判断にかかっている 이 문제의 해결은 당신 판단에 달려 있다」
　　「有罪かどうかは証拠の有無にかかっている 유죄인가 아닌가는 증거의 유무에 달려 있다」

제 28 회

271 정답 2
他社による新製品の発売も、幸いにして当社の売り上げに何ら影響を与えるものではなかった。 타사에 의한 신제품 발매도 다행히 당사의 매출에 어떠한 영향을 미치지는 못했다.

POINT <なんら～ない>

접속 [なん(何)ら～ない]

의미 「조금도／전혀 ~ 않다」

사용법 「彼が犯人でないことはなんら疑いはない」
　　「もしバスや電車が止まっても、私たちには何ら困ることはない。大丈夫だ」「同じ職場で苦労をともにする２人が恋に落ちても、なんら不思議はない」

272 정답 1
彼はリーダーとして尊敬に足る人物だ。 그는 리더로서 존경할 만한 인물이다.

POINT <に足る> 참고 144
딱딱한 표현

273 정답 3
私があなたをいかに愛しているか、わかってもらいたい。 내가 당신을 얼마나 사랑하고 있는지 알아주길 바란다.

POINT <いかに>

접속 [いかに A か]　A＝동사／형용사
　　[いかに A ても(でも)]　A＝동사／형용사／부사

의미 「얼마나／얼만큼」 (정도의 높음을 나타낸다)

사용법 「問題がいかに難しくても、必ず解決したい」
　　「新しい自動車を開発するにあたっては、いかに速く、いかに安全に走れるかが第一の課題である 새로운 자동차를 개발하는데 있어서는, 얼마나 빨리, 얼마나 안전하게 달릴 수 있는가가 가장 중요한 과제이다」

◇ 「どうやって 어떻게」(방법)의 의미로 쓰이는 경우도 있다.
예 「T社といかに交渉するかがわが社の今後の課題だ (T사와 어떻게 협상하는가가 우리회사의 앞으로의 과제다)」

◇ 「いかに」는, 「どれだけ／どんなに／どうやって」보다도 딱딱한 표현.

딱딱한 표현

274 정답 3
こんなに難しいことが何の努力もなしに、どうして成功できようか。 이렇게 어려운 일이 어떤 노력도 없이 어떻게 성공할 수 있단 말인가.

POINT <どうして～ようか>

접속 [どうして A ようか]
A＝동사 가능형의 ます형／동사「できる」의 ます형

의미 「어떻게 A 할 수 있을까. 절대로 A(할 수) 없다」

사용법 「人であるなら、どうして愛する家族を見捨てられようか。見捨てられるはずがない」
　　「１週間、不眠不休で働くなどということがどうしてできようか １주일간 자지도 쉬지도 않고 일한다는 것이 어떻게 가능하단 말인가?」

형태는 의문형이지만, 의미는 강한 부정이다. 반어의 형태로 내용을 강조한다.

딱딱한 표현

275 정답 4
結果はともあれ、全力をつくしたことは認めよう。 결과는 둘째치고, 전력을 다했다는 것은 인정하자.

POINT <はともあれ>

접속 [Aはともあれ]　A＝명사

[의미] 「A는 문제삼지 않고 말하면」,「A는 둘째치고」
[사용법] 「彼女は、容姿はともあれ、人柄の良い人だ」
⚠ 「何はともあれ」는 구어에서도 사용되는 관용적인 표현. 예)「事故にあったと聞いてびっくりしたけど、何はともあれ、無事でよかった 사고를 당했다고 들어서 놀랐는데, 어쨌든 무사해서 다행이다」
[딱딱한 표현]

276 정답 4
この難局を乗り切るには、いかにすればいいのだろうか。 이 난국을 극복하기 위해서는 어떻게 하면 좋을 것인가.
POINT ＜いかにすれば＞
[접속] ［いかにすればAか］ A＝문장
[의미] 「어떻게 하면」「어떻게 하면」(방법)
[사용법] 「いかにすれば暇と金の両方を得ることができるか」
⚠ 「いか(に)〜」는,「どう／どんな」보다 딱딱한 표현.
[딱딱한 표현]

277 정답 4
彼女は僕の顔を見るなり、人目もかまわず泣き出した。 그녀는 나의 얼굴을 보자마자 남의 눈을 의식하지 않고 울기 시작했다.
POINT ＜なり＞ 참고 157

278 정답 2
出版業界の不況下にあって、この雑誌だけは売り上げを伸ばしている。 출판업계의 불황 속에서 이 잡지만 큰 매상을 올리고 있다.
POINT ＜にあって＞ 참고 178

279 정답 1
名誉を守るためには死をも辞さない、という彼の強い覚悟には驚かされる。 명예를 지키기 위해서는 죽음도 불사한다고 하는 그의 강한 각오에 놀랐다.
POINT ＜も辞さない＞
[접속] ［A(を)も辞さない］ A＝명사
[의미] 「A도 피할 수 없다／두려워하지 않다／각오하다 」(강한 결의를 나타낸다)
[사용법] 「労働組合は要求が通るまでストライキも辞さない構えだ 노동조합은 요구가 통과될 때까지 파업도 불사한다는 태세다」
[딱딱한 표현]

280 정답 3
私はこの活動を通して、今後、地域の経済発展に貢献してまいる考えです。 나는 이 활동을 통해 앞으로 지구의 경제 발전에 공헌해 나갈 생각입니다.
POINT ＜てまいる（参る）＞
[의미] 「〜 해가다 / 해오다」(겸양어／정중어)
[사용법] 「必要なものは、私が持ってまいりますので、ご心配なく」(겸양어)
「だんだん寒くなってまいりますので、お風邪をお召しになりませんように、お気をつけてお過ごしください 점점 추워져 오고 있으니, 감기 걸리시지 않도록 조심하여 지내시기 바랍니다」(정중어)
⚠ 외출할 때 말하는 「行ってまいります／行ってきます」는,「てまいる」를 사용한 인사 표현.

제 29 회

281 정답 2
このパンは、作るそばから売れてしまう、店一番の人気商品だ。 이 빵은 만드는 즉시 팔려버리는, 가게에서 제일 인기 있는 상품이다.
POINT ＜そばから＞ 참고 69
[접속] ［Aそばから］ A＝동사 사전형／た형
[의미] 「A 해도 바로」
[사용법] 「年を取ると忘れっぽくなって、何でも聞いたそばから忘れてしまう」
⚠ 한번뿐이 아닌 여러 번 그러한 일이 벌어지고 있는 상태.

282 정답 4
祖父は、なんと80歳にしてスキーを始めた。 할아버지는 무려 80세에 스키를 시작했다.
POINT ＜にして＞ 참고 22
[접속] ［Aにして］ A＝연령
[의미] 「〜 세에／〜 세 때」
[사용법] 「『男子、四十にして惑わず』と孔子は言った」「王妃は15歳にして王子を生んだ」
⚠ 「〜歳で〜살에」를 강조한다.「早い 빠르다」또는「遅い 느리다」와 같은 놀라움을 나타내는 문장이 많다.
[딱딱한 표현]

283 정답 1
厳しい労働条件の下で働く労働者がストライキをしたからといって、驚くにはあたらない。 혹독한 노동 조건 아래 일하는 노동자가 파업한다고 해서 놀랄 것도 아니다.

POINT <にはあたらない>

접속 ［Aにはあたらない］ A＝동사 사전형
의미 「A 할 정도의 것은 아니다／A 할 필요는 없다」(A 는 「놀라움」「감사하다」「비난하다」 등)
사용법 「大したことはしていないのだから、礼を言うにはあたらない」

딱딱한 표현

284 정답 2
あの人がいったい何を考えているのか、皆目理解できない。 저 사람이 도대체 무슨 생각을 하고 있는지 도무지 이해할 수 없다.

POINT <皆目>

접속 ［皆目Aない］ A＝동사 ない형
의미 「전혀 A 않다／할 수 없다」 A 는 「할 수 없다／모른다」 라는 의미의 동사가 많다 .
사용법 「逃げた犬がどこへ行ったか、皆目見当がつかない」

285 정답 4
学歴が高ければ一流企業に就職できるかというと、決してそのようなことはない。 학력이 높으면 일류기업에 취직할 수 있는가 하면, 반드시 그렇지는 않다.

POINT <かというと>

접속 ［A かというと、B］ A , B＝문장
의미 「A 인가 생각했으나 , 하지만 B (A 가 아니라고 B 로 부정하다)
사용법 「お金があれば幸せかというと、必ずしもそうではない」

286 정답 1
億万長者になった彼は運がよかったわけではない。誰よりも努力をして、成功するべくして成功したのだ。 억만장자가 된 그는 운이 좋았던 것은 아니다. 누구보다도 노력해서, 성공할 만하니까 성공한 것이다.

POINT <べくして>

접속 ［A 1 べくしてA 2］
　　　A1, A2＝동사 A 사전형　A2＝동사 A 사전형／た형
의미 「A 하다／했다는 것은 당연하다」
사용법 「この事件は起こるべくして起こった」

딱딱한 표현

287 정답 2
登山はきついスポーツだが、登頂したときの感激があればこそ続けられるというものだ。 등산은 고된 스포츠이지만, 등정했을 때의 감격이 있으니까 계속할 수 있는 것이다.

POINT <ばこそ>　참고 229

288 정답 2
彼は医師の仕事のかたわら、小説を書き、雑誌に発表してきた。 그는 의사 일을 하면서, 소설을 쓰고 잡지에 발표해 왔다.

POINT <かたわら>　참고 98

289 정답 3
祭りの会場へ向かう道は押すな押すなの大混雑だった。 축제 회장으로 향하는 길은 북적북적한 대혼잡이었다.

POINT <押すな押すな>

접속 ［押すな押すなの A ］ A＝명사
의미 「사람이 많아서 굉장히 붐비고 있다」
사용법 「万国博覧会は毎日押すな押すなの大盛況だ」
⚠ 「押すな押すな」＝「押さないでください、押さないでください」

290 정답 3
家族の心配をよそに、彼は戦場へ取材に出かけて行った。 가족의 걱정을 무릅쓰고, 그는 전장으로 취재하러 나갔다.

POINT <をよそに>　참고 237

제 30 회

291 정답 4
いやな仕事をやらされるぐらいなら、いっそのこと会社を辞めてしまおうと、退職届を書いた。 싫은 일을 억지로 해야 할 정도라면, 차라리 회사를 관두자 하고 퇴직서를 썼다.

POINT <いっそ／いっそのこと>
접속 [(Aより／なら)、いっそ／いっそのこと B]
　　A，B＝문장
의미 「(A보다) 오히려 (B 쪽이 낫다)」
사용법 「名誉が傷つけられるのなら、いっそのこと死んだほうがいい 명예가 훼손된다면, 차라리 죽는 편이 낫다.」
「ご主人とけんかばかりしているんなら、いっそ別れちゃったほうがいいよ」

292 정답 1
最愛のペットを亡くした彼女の気持ちは察するにかたくない。 가장 사랑하는 강아지를 잃은 그녀의 마음은 짐작하기 어렵지 않다.

POINT <にかたくない>　참고 77
딱딱한 표현

293 정답 2
営業成績の不振もおかまいなしに、高額な報酬を受け取っている経営者がいる。 영업 성적의 부진도 개의치 않고 고액의 보수를 받고 있는 경영자가 있다.

POINT <もおかまいなしに>
접속 [A も おかまいなしに、B]
　　A＝명사／문장+の　B＝문장
의미 「상관하지 않고／관계없이／사양하지 않고／태연하게」
사용법 「周囲の迷惑もおかまいなしにたばこを吸っている人がいる」
⚠ 「おかまいなし(개의치 않음)」＝「상관하지 않는다」「자신의 주위에 대해 신경쓰지 않는다」라는 좋지 않은 의미.

294 정답 4
早く自立したいと思っていたが、いざ一人暮らしを始めるとなると、不安がないわけではない。 빨리 독립하고 싶다고 생각했는데, 막상 독신 생활을 시작하면 불안하지 않은 것은 아니다.

POINT <いざ～となると>
접속 [いざAとなると] A＝동사
의미 「A 의 때／상황／경우가 되면」
사용법 「彼女に手紙を書いて気持ちを伝えたいのだが、いざ書くとなると、なんと書いたらいいのか、なかなか言葉が見つからない」
⚠ 「いざとなると」라는 표현도 있다.
예 「あなたって、いつも強そうなことを言っているのに、いざとなると急に弱気になるんだから… 당신은 늘 강한 척, 얘기하면서, 막상 닥치면 갑자기 마음이 약해진다니까」

295 정답 4
この病院は命にかかわるような重い病気の患者を診る態勢が整っていない。 이 병원은 목숨과 관계되는 심각한 병의 환자를 진찰할 준비가 되어있지 않다.

POINT <にかかわる>　참고 204

296 정답 2
テレビドラマではあるまいし、そんなに都合よく問題が解決するわけがない。 텔레비전 드라마도 아니고, 그렇게 때맞춰 문제가 해결될 리가 없다.

POINT <ではあるまいし>　참고 42

297 정답 4
彼の連絡先を誰も知らないので、連絡しようにも連絡できない。 그의 연락처를 아무도 모르니까, 연락하려고 해도 연락할 수 없다.

POINT <～うにも～ない>　참고 35

298 정답 2
彼女の日本語は完璧とは言えないまでも、かなりのレベルに達している。 그녀의 일본어는 완벽하다고 할 수는 없지만, 꽤 높은 위치에 도달해 있다.

POINT <ないまでも>　참고 188

299 정답 3
この携帯電話は、字が大きくて操作も簡単なので、お年を召した方にも使いやすいはずです。 이 휴대전화는 글씨가 크고 조작도 간단해서 나이 드신 분도 쓰기 편할 것입니다.

POINT <お年を召す>
접속 [お年を召していらっしゃる／お年を召した(方)]

[의미] 「고연령이다/고령의」(존경어) = 「ご高齢(こうれい)」

[사용법] 「田中先生は、**お年を召して**いらっしゃいますが、お元気に教えていらっしゃいます」
「**お年を召した**方のご旅行なら、温泉がよろしいでしょう」

300 정답 2
あの事件は、口にするだに恐ろしいものであった。
저 사건은 입에 담기조차도 무서운 사건이었다.

POINT <だに> 참고 239
딱딱한 표현

문장의 문법 2

제 1 회

1 정답 1

高校時代は、こんな　規則　　ずくめの
　★生活は　　　早く終わらないか　といつ
も思っていた。 교교 시절에는 이런 규칙투성이 생활은
빨리 끝나지 않는 것인가 하고 항상 생각했다.

문제 풀이 TIP

POINT ＜ずくめ＞
① 「ずくめ」 앞에 명사가 온다
　⇒ 「規則　ずくめの」
② 「ずくめの」 뒤에 명사가 온다
　⇒ 「規則　ずくめの　生活は」
③ 「こんな」 뒤에 명사가 온다
　⇒ 「こんな　規則　ずくめの　生活は」
　高校時代は、こんな　規則　　ずくめの
　　★生活は　　　　　　　といつも思っていた。
④ 4 번째 빈칸에 「早く終わらないか」가 들어간다
　⇒ 올바른 문장

⚠ 「ご〜ずくめ」 = 「〜だけ／〜がたくさんある」
📝 「黒ずくめの服装の男がコンビニの店員を脅(おど)して、レジにあった 10 万円を奪って逃げた」

2 정답 2

彼女の　歌声は　　★聞く者の　　心を
揺さぶらず にはおかない。 그녀의 성대는 듣는
사람의 마음을 흔든다.

문제문의 의미 「彼女の歌はすばらしい。彼女の歌を聞いた人はみんなとても感動する」

문제 풀이 TIP

POINT ＜ずにはおかない＞
① 「にはおかない」 앞에 「〜ず」가 온다
　⇒ 「揺さぶらず　にはおかない」
② 「揺さぶらず (揺さぶる)」 앞에 「〜を」가 온다
　⇒ 「心を　揺さぶらず　にはおかない」
　彼女の　　　　　　★　　　心を
　揺さぶらず にはおかない。

③ 1 번째 빈칸, 2 번째 빈칸은 다음 중 하나가 된다.
　A 「(彼女の) 歌声は　聞く者の (心を揺さぶらずにはおかない)」
　B 「(彼女の) 聞く者の　歌声は (心を揺さぶらずにはおかない)」
B 의 밑줄 부분은 의미가 통하지 않는다 ⇒ A 가 올바른 문장

⚠ 「〜ずにはおかない」 = 「必ず〜する」
📝 「無断で外泊をしたら、父を怒らせずにはおかないだろう」

3 정답 3

大学の入学試験まであと 2 か月だ。　たとえ
　★一日　　たりとも　　無駄には　でき
ない。 대학 입학 시험까지 2 개월 남았다. 설사 하루일지
라도 헛되이 할 수 없다.

문제 풀이 TIP

POINT ＜たりとも＞ ＜無駄(むだ)にする＞
① 「たりとも」 앞에 [一＋조수사] 가 온다
　⇒ 「一日　たりとも」
② 「一日たりとも」는 「一日でも」라는 의미. 「たとえ」는 「たとえ〜ても」의 형태로 쓰인다. 「たとえ〜たりとも」는 「たとえ〜ても」와 같은 의미로 쓰인다
　⇒ 「たとえ　一日　たりとも」
③ 「無駄には」는, 1 번째 빈칸이나 4 번째 빈칸 중에 들어간다. 다음 중 하나가 된다.
　A 「無駄には　たとえ　一日　たりとも　できない」
　B 「たとえ　一日　たりとも　無駄には　できない」
　A 는 의미가 통하지 않으므로, B 가 올바르다 ⇒
올바른 문장

⚠ ◇ 「たりとも」 앞에는 「一日」 「一分」 「一人」 등 「一＋조수사」가 들어가고, 「최소단위라도」라는 의미를 나타낸다.
◇ 「無駄にはできない」는 「無駄にする」의 가능형의 부정형.

4 정답 3

新入社員　では　　あるまいし　　★こんな
　小さなミスで　いちいち落ち込んではいられ
ない。 신입사원도 아니고 이런 작은 실수로 일일이 풀 죽
어 있을 수 없다.

> 문제 풀이 TIP

POINT ＜ではあるまいし＞

① 「あるまいし」 앞에 「では」가 온다
   ⇒ 「では　あるまいし」
② 「新入社員」 뒤에 조사가 온다
   ⇒ 「新入社員　では　あるまいし」
   新入社員＿では＿　＿あるまいし＿　＿★＿
   ＿＿＿＿＿いちいち落ち込んではいられない。
③ 「こんな」 뒤에 명사가 온다
   ⇒ 「こんな　小さなミスで」(3 번째 빈칸, 4 번째 빈칸이 정해진다) ⇒ 올바른 문장
⚠ 「～ではあるまいし」＝「～ではないのだから」

5 정답 2

日本最大の保険会社の倒産は、＿ただ＿　＿★日本＿　＿のみならず＿　＿世界＿の経済にも深刻な打撃を与えるだろう。 일본 최대 보험회사의 도산은 단지 일본뿐만 아니라 세계의 경제에도 심각한 타격을 주겠지.

> 문제 풀이 TIP

POINT ＜ただ～のみならず＞

① 「の経済」 앞에 명사가 온다 ⇒ 다음 중 하나가 된다
   A「世界　の経済にも深刻な打撃を与えるだろう」
   B「日本　の経済にも深刻な打撃を与えるだろう」
② 「のみならず」는 앞과 뒤에 같은 종류의 단어 X, Y가 온다. 「X のみならず Y も」 라는 형태로, 「X 뿐만 아니라 Y 도」 라는 의미가 된다
   ⇒ X, Y 는 「日本」「世界」 중 하나
   ⇒ 3 번째 빈칸은 「のみならず」로, 2 번째 빈칸, 4 번째 빈칸은 「日本」「世界」 중 하나가 들어간다
   A：日本最大の保険会社の倒産は、＿＿＿＿　＿★日本＿　＿のみならず＿　＿世界＿の経済にも深刻な打撃を与えるだろう。
   B：日本最大の保険会社の倒産は、＿＿＿＿　＿★世界＿　＿のみならず＿　＿日本＿の経済にも深刻な打撃を与えるだろう。
   A가 의미가 통한다 ⇒ A 가 올바르다
③ 1 번째 빈칸에는 「ただ」가 들어간다 ⇒ 올바른 문장
⚠ 「～のみならず」＝「～だけではなく」

제 2 회

6 정답 2

子供たちは、私が部屋を＿きれいに＿　＿掃除した＿　＿★そばから＿　＿散らかす＿ので、かなわない。 아이들은 내가 방을 깨끗하게 치우자마자 어지럽히기 때문에 못 당한다.

> 문제문의 의미 「私が部屋を何度掃除しても子供がすぐに散らかすので困る」

> 문제 풀이 TIP

POINT ＜そばから＞

① 「きれいに」 뒤에 동사가 온다 ⇒ 다음 중 하나가 된다
   A「きれいに　散らかす」
   B「きれいに　掃除した」
   「きれいに　散らかす」는 의미가 통하지 않는다
   ⇒ 「きれいに　掃除した」
② 「そばから」 앞과 뒤에 동사가 온다 ⇒ 다음 중 하나가 된다
   A「きれいに　掃除した　そばから　散らかす」
   B「散らかす　そばから　きれいに　掃除した」
   A：(子供たちは、私が部屋を) きれいに　掃除した　そばから　散らかす (ので、かなわない)
   B：(子供たちは、私が部屋を) 散らかす　そばから　きれいに　掃除した (ので、かなわない)
   「かなわない」는 「困る 곤란하다」 라는 의미이므로, B 는 의미가 통하지 않는다 ⇒ A 가 올바르다

7 정답 4

日本へ来たばかりのころは日本語で＿あいさつをすること＿　＿★すら＿　＿できなかった＿が、今は日本人と議論することもできるようになった。 일본에 막 왔을 무렵에는 일본어로 인사하는 것조차 못했지만, 지금은 일본인과 의논하는 것도 가능하게 됐다.

> 문제 풀이 TIP

POINT ＜すら＞

① 「が、」 앞에 동사／형용사／명사 보통형이 온다
   ⇒ 「できなかった　が、」
   日本へ来たばかりのころは日本語で＿＿＿＿　＿＿＿＿　＿★＿　＿できなかった＿が、今は日本人と議論することもできるようになった。

②「あいさつを」의 뒤에 동사가 온다 ⇒「あいさつを すること」
③다음 중 하나가 된다
　A「日本語で　すら　あいさつを　すること　できなかったが、」
　B「日本語で　あいさつを　すること　すら　できなかったが、」
A는 밑줄 친 부분이 올바르지 않다 ⇒ B는 올바른 문장

8 정답 2

娘は小学校の　<u>クラス委員に</u>　<u>選ばれて</u>　<u>★から</u>　<u>というもの</u>、何事にも積極的になった。 딸은 초등학교의 반 위원에 뽑히고 나서부터 무슨 일이든 적극적이 됐다.

> 문제 풀이 TIP

POINT ＜てからというもの＞

①「小学校の」의 뒤에 명사가 온다
　⇒「小学校の　クラス委員に」
　娘は小学校の　<u>クラス委員に</u>　_____
　_____★_____、何事にも積極的になった。
②「クラス委員に」의 뒤에 동사가 온다
　⇒「(小学校の)　クラス委員に　選ばれて」
　娘は小学校の　<u>クラス委員に</u>　<u>選ばれて</u>
　_____★_____、何事にも積極的になった。
③「から」앞에 동사／형용사 보통형, 동사 て형, 명사 가 온다 ⇒ 다음 중 하나가 된다
　A「(小学校の)　クラス委員に　選ばれて　から」
　B「というもの　から」
　B 는 의미가 통하지 않는다 ⇒ A 가 어울린다
④ 4 번째 빈칸에「というもの」가 들어간다 ⇒ 올바른 문장

⚠ 「～てからというもの」＝「～てから」(강조)

9 정답 1

いつもきちんとしている彼女が　<u>部屋の電気を</u>　<u>★つけっぱなしで</u>　<u>出かける</u>　<u>なんて</u>　変だ。 항상 똑 부러지던 그녀가 방의 전기를 켜둔 채로 나가다니 이상하다.

> 문제 풀이 TIP

POINT ＜っぱなし＞

①「つけっぱなしで (つける)」앞에「～を」가 온다
　⇒「部屋の電気を　つけっぱなしで」
②「つけっぱなしで」의 뒤에 동사, 형용사가 온다
　⇒ 다음 중 하나가 된다
　A「部屋の電気を　つけっぱなしで　出かける」
　B「部屋の電気を　つけっぱなしで　変だ」
　A 의 경우는 다음 중 하나가 된다.
　　A-1：いつもきちんとしている彼女が
　　　<u>部屋の電気を</u>　<u>つけっぱなしで</u>
　　　<u>出かける</u>　<u>なんて</u>　変だ。
　　A-2：いつもきちんとしている彼女が
　　　<u>なんて</u>　<u>部屋の電気を</u>　<u>つけっぱ</u>
　　　<u>なしで</u>　<u>出かける</u>　変だ。
　B 의 경우는, 다음 중 하나가 된다.
　　B-1：いつもきちんとしている彼女が
　　　<u>なんて</u>　<u>出かける</u>　<u>部屋の電気を</u>
　　　<u>つけっぱなしで</u>　変だ。
　　B-2：いつもきちんとしている彼女が
　　　<u>出かける</u>　<u>なんて</u>　<u>部屋の電気を</u>
　　　<u>つけっぱなしで</u>　変だ。
「変だ」앞에 동사는 오지 않는다 ⇒ A-2 는 올바르지 않다
B 는 어느 쪽도 의미가 통하지 않는다 ⇒ A-1 이 올바른 문장

⚠ 「～(し)っぱなし」
　＝①「～(한) 채로」 ②「계속 ~(하고) 있는 것」

✏ ①「彼はいつも食べっぱなしで出かけてしまう。片付けたことがない」
　②「電車が混んでいたので、大阪まで立ちっぱなしだった」

10 정답 3

昔私が被害にあったあの詐欺事件のことは、今　<u>でも</u>　<u>思い出す</u>　<u>★だに</u>　<u>腹が</u>　立つ。 예전에 내가 피해를 입었던 저 사기 사건 일은, 아직까지도 생각만 해도 화가 난다.

> 문제 풀이 TIP

POINT ＜だに＞

①「立つ」앞에「～が」가 온다
　⇒「腹が　立つ」

昔私が被害にあったあの詐欺事件のことは、今_____ _____ ___★___ 腹が 立つ。

② 「でも」 앞에 명사가 온다
   ⇒ 「今でも」
   昔私が被害にあったあの詐欺事件のことは、今 でも _____ ___★___ 腹が 立つ。
③ 「だに」 앞에 명사 또는 동사가 온다
   ⇒ 「思い出す だに」 (2번째 빈칸, 3번째 빈칸이 정해진다)
   ⇒ 올바른 문장

제3회

11 정답 1

彼が 銀行勤めの かたわら ★書き上げた 小説は 多くのビジネスマンの共感を得ている。 그가 은행에 근무하면서 쓴 소설은 많은 비즈니스맨의 공감을 얻고 있다.

문제 풀이 TIP

POINT <かたわら>

① 「かたわら」 앞에 동사 사전형, 명사 [〜の]가 온다
   ⇒ 「銀行勤めの かたわら」
② 「かたわら」 뒤에 동작을 나타내는 동사가 온다
   ⇒ 「銀行勤めの かたわら 書き上げた」
   彼が 銀行勤めの かたわら ★書き上げた _____ 多くのビジネスマンの共感を得ている。
③ 4번째 빈칸에 「小説は」가 들어간다 ⇒ 올바른 문장

12 정답 3

木村君は医者に入院が必要だと言われたそうだ。しばらく 仕事を 休ませず ★には すまない だろう。 기무라 군은 의사에게 입원이 필요하다는 말을 들었다고 한다. 당분간 일을 쉬지 않으면 안 되겠지.

문제 풀이 TIP

POINT <ずにはすまない>

① 「だろう」 앞에 동사/형용사/명사 보통형이 온다
   ⇒ 「すまない だろう」
   木村君は医者に入院が必要だと言われたそうだ。

しばらく_____ _____ ___★___ すまない だろう。

② 「仕事を」의 뒤에 동사가 온다 ⇒ 다음 중 하나가 된다
   A 「仕事を 休ませず」
   B 「仕事を すまない」
   B는 의미가 통하지 않는다 ⇒ A가 어울린다
③ 「には」 앞에는 명사, 동사 사전형, [동사 ない형 + ず]가 온다
   ⇒ 「仕事を 休ませず には」 (1번째 빈칸, 2번째 빈칸, 3번째 빈칸이 정해진다)

⚠️ 「〜すにはすまない」 = 「〜しなければならない」

13 정답 3

今さら 過ぎた ことを ★後悔した ところで 遅すぎる。 이제 와서 지난 일을 후회한들 너무 늦었다.

문제 풀이 TIP

POINT <たところで>

① 「遅すぎる」 앞에 동사 た형, 조사 「を」는 오지 않는다
   ⇒ 「ところで 遅すぎる」
   今さら_____ _____ ___★___ ところで 遅すぎる。
② 「ところで」 앞에 동사 た형이 온다 ⇒ 다음 중 하나가 된다
   A 「過ぎた ところで」
   B 「後悔した ところで」
③ 「ことを」 앞에 동사/형용사 보통형, な형용사 [〜な], 명사 [〜の]가 온다 ⇒ 다음 중 하나가 된다
   A 「過ぎた ことを」
   B 「後悔した ことを」
   A : 今さら 過ぎた ことを ★後悔した ところで 遅すぎる。
   B : 今さら 後悔した ことを ★過ぎた ところで 遅すぎる。
   B는 의미가 통하지 않는다 ⇒ A가 올바른 문장

14 정답 4

彼は家に 帰るが ★早いか テレビを つけて 野球を見始めた。 그는 집에 오기가 무섭게 텔레비전을 켜고 야구를 보기 시작했다.

> **문제 풀이 TIP**

POINT ＜が早いか＞

① 「早いか」 앞에 [동사＋が]가 온다
　⇒ 「帰るが　早いか」
② 「家に」의 뒤는 동사 「帰る」가 어울린다
　⇒ 「家に　帰るが　早いか」
　彼は家に　帰るが　　★早いか　　＿＿＿＿
　＿＿＿＿ 野球を見始めた。
③ 「つけて」 앞에 [명사＋を]가 온다
　⇒ 「テレビを　つけて」 (3 번째 빈칸, 4 번째 빈칸이 정해진다)
　⇒ 올바른 문장

⚠ 「Aが早いかB」 ＝ 「A 한 뒤에 바로 B(하다)」 (B 는 빨리 하고 싶다고 생각하고 있던 것)

15　정답　2

> アメリカへ留学したいと両親に話したとき、
> 　反対されるか　　と思いきや　　★2人
> とも　　賛成して　励ましてくれた。
> 미국으로 유학 가고 싶다고 부모님에게 말했을 때, 반대할 거라고 생각했는데 두 분 모두 찬성하며 격려해 주셨다.

문제문의 의미　「私がアメリカへ留学したいと両親に話したとき、両親が反対するかと思っていたのに、意外なことに、父も母も賛成してくれた」

> **문제 풀이 TIP**

POINT ＜と思いきや＞

① 「と思いきや」 앞에 동사／형용사／명사 보통형 또는 [형용사＋か]가 온다
　⇒ 「反対されるか　と思いきや」
② 「と思いきや」의 뒤에 반대 의미의 말이 들어간다
　⇒ 「反対されるか　と思いきや」 뒤에 「賛成して」와 「励まして」가 온다.
③ 「2人とも」는 동사 앞에 들어간다 ⇒ 다음 중 하나가 된다
　A「2人とも反対されるかと思いきや」
　B「2人とも賛成して」
　C「2人とも励まして」
　「2人とも」는 「両親が」라는 의미이므로, 「両親が 反対される」는 의미가 맞지 않다 ⇒ A는 올바르지 않다

B：アメリカへ留学したいと両親に話したとき、
　反対されるか　　と思いきや　　★2人
とも　　賛成して　励ましてくれた。
C：アメリカへ留学したいと両親に話したとき、
　反対されるか　　と思いきや　　★賛成
して　　2人とも　励ましてくれた。
두 사람 다 「賛成して、励ます」일 것이므로 C는 어울리지 않는다 ⇒ B가 올바르다

⚠ 「～と思いきや」 ＝ 「～ 라고 생각했지만 예상외로」

제 4 회

16　정답　1

> その物語の主人公が敵に　死をも　　★辞さ
> ない　　覚悟で　　立ち向かう　姿に私は
> 感動した。
> 그 이야기의 주인공이 적에게 죽음도 불사하는 각오로 대항하는 모습에 나는 감동했다.

문제문의 의미　「その物語の主人公が、死んでもいいという強い気持ちで敵と戦う様子に私は感動した」

> **문제 풀이 TIP**

POINT ＜も辞さない＞

① 「辞さない」 앞에 [명사＋を] [명사＋も] [명사＋をも]가 온다
　⇒ 「死をも　辞さない」
② 「覚悟で」의 뒤에 동사가 온다
　⇒ 「覚悟で　立ち向かう」
③ 「姿」 앞에는 보통형이 온다 ⇒ 다음의 2 개가 있다
　A「死をも　辞さない　姿に」
　B「覚悟で　立ち向かう　姿に」
　A：「(その物語の主人公が敵に)　覚悟で　立ち向かう　死をも　辞さない　(姿に私は感動した。)」
　B：「(その物語の主人公が敵に)　死をも　辞さない　覚悟で　立ち向かう　(姿に私は感動した。)」
　⇒ A의 밑줄 부분의 의미가 통하지 않는다 ⇒ B는 올바른 문장

⚠ 「(死をも)辞さない」 ＝ 「(死ぬことを)避けない」

17 정답 1

私たち 2 人は　互いに　　★持ちつ　　持たれつ　　の関係　を続けている。 우리들 두 명은 서로 도와주고 도움 받는 관계를 이어가고 있다.

문제문의 의미 「私たち 2 人は互いに助けたり助けられたりする関係を続けている」

문제 풀이 TIP

POINT ＜～つ～つ＞

① 「を続けている」 앞에 명사가 온다
　⇒ 「の関係　を続けている」
　私たち 2 人は_____　 ____★____　_____　の関係　を続けている。

② 「～つ」「～つ」는 이어서 쓴다. 「A つ B つ」로 B는 동사 A의 수동형이다
　⇒ 「持ちつ　持たれつ」

③ 「互いに」의 뒤에 동사가 온다
　⇒ 「互いに　持ちつ　持たれつ」(1 번째 빈칸, 2 번째 빈칸, 3 번째 빈칸이 정해진다) ⇒ 올바른 문장

⚠ ◇「持ちつ持たれつ」=서로 돕거나 도움받거나 하는 것
　◇「XつYつ」는「行きつ戻りつ」와 같이 Y가 X의 수동형이 아닌 경우도 있다.

📝「医者から父の病気はガンだと言われた。病室の前を行きつ戻りつ、父に何と言おうか考えた」

18 정답 4

連絡が遅くなって申し訳ありませんでした。電話が　つながらなくて　　★連絡しよう　にも　　連絡できなかった　んです。
연락이 늦어져서 죄송합니다. 전화가 연결되지 않아서 연락하려고 해도 연락할 수 없었습니다.

문제 풀이 TIP

POINT ＜(よ)うにも～ない＞

① 「んです」 앞에 동사/い형용사/な형용사 (현재형 [～な])/명사 (현재형[～な]) 보통형이 온다
　⇒ 「連絡できなかった　んです」
　電話が_____　____★____　_____　連絡できなかった　んです。

② 「電話が」의 뒤에 동사가 온다
　⇒ 「電話が　つながらなくて」
　電話が　つながらなくて　　____★____　_____　連絡できなかった　んです。

③ 「にも」 앞에 동사 의지형이 온다
　⇒ 「連絡しよう　にも」(2 번째 빈칸, 3 번째 빈칸이 정해진다)
　⇒ 올바른 문장

⚠「(よ)うにも～ない」=「～したいが、できない」

📝「料理の味がものすごく辛くて、食べようにも食べられませんでした」

19 정답 1

敵は　我々の　　★弱点を　　攻撃しない　ではおかない　だろう。 적은 우리들의 약점을 공격할 것이다.

문제문의 의미 「敵は私たちの弱いところを必ず攻撃してくるだろう」

문제 풀이 TIP

POINT ＜ないではおかない＞

① 「ではおかない」 앞에 동사 ない형이 온다
　⇒ 「攻撃しない　ではおかない」

② 「だろう」 앞에 동사/형용사・명사(현재형[～]) 보통형이 온다
　⇒ 「攻撃しない　ではおかない　だろう」
　敵は_____　____★____　攻撃しない　ではおかない　だろう。

③ 「我々の」 뒤에 명사가 온다
　⇒ 「我々の　弱点を」(1 번째 빈칸, 2 번째 빈칸이 정해진다)
　⇒ 올바른 문장

20 정답 2

私が話している間、彼女は　自分には　　★関係ない　　とばかりに　　いたずら書きを　していた。 내가 이야기하고 있는 동안, 그녀는 자신과는 관계없다는 듯이 낙서를 하고 있었다.

문제문의 의미 「私が話している間、彼女は、私の話していることは自分には関係がないというような様子でいたずら書きをしていた」

문제 풀이 TIP

POINT ＜とばかりに＞

① 「していた」 앞에 [명사+を] 가 온다
　⇒ 「いたずら書きを　していた」

49

私が話している間、彼女は_____ _____★_____ いたずら書きを_____ していた。

② 「とばかりに」앞에 동사／형용사／명사 보통형이 온다 ⇒ 「関係ない とばかりに」
③ 「関係ない」앞에 「に」 또는 「には」가 온다
   ⇒ 「自分には 関係ない とばかりに」(1 번째 빈칸, 2 번째 빈칸, 3 번째 빈칸이 정해진다)

⚠ 「~とばかりに」=「~와 같은 모습으로」

제 5 회

21 정답 4

たとえ 有名人 ★であれ 法律の前では 普通の 人と何も変わりはない。 설령 유명인일지라도 법률 앞에서는 보통 사람과 다를 것이 없다.

문제 풀이 TIP

POINT <であれ>

① 「人」앞에 「~の」가 온다
   ⇒ 「普通の 人と」
   たとえ_____ _____★_____ _____ 普通の 人と何も変わりはない。
② 「であれ」앞에 [동사+の] 또는 명사가 온다
   ⇒ 「有名人 であれ」⇒ 다음 중 하나가 된다
   A: (たとえ) 有名人 であれ 法律の前では 普通の (人と何も変わりはない。)
   B: (たとえ) 法律の前では 有名人 であれ 普通の (人と何も変わりはない。)
   B의 밑줄 부분은 의미가 통하지 않는다 ⇒ A가 올바른 문장

⚠ ◇ 「~であれ」=「~라도」
   📝 「たとえ小さな虫であれ、人と同じように、一生懸命に生きている」
   ◇ 「~であれ、~であれ」
   📝 「そこは有名な観光地だから、夏であれ、冬であれ、訪れる人が多い」

22 정답 4

寝る前に、今日会社で あったことを ★考える ともなく 考えていたら 、仕事を1つし忘れたことに気づいた。
자기 전에 오늘 회사에서 있었던 일을 무심코 생각하고 있었더니, 일을 하나 잊어버린 것을 깨달았다.

문제 풀이 TIP

POINT <ともなく>

① 「ともなく」앞에 동사 사전형이 온다
   ⇒ 「考える ともなく」
② 「ともなく」뒤에 같은 동사가 온다
   ⇒ 「考える ともなく 考えていたら」
③ 「考える」앞에 [명사+조사]가 온다
   ⇒ 「あったことを 考える ともなく 考えていたら」
   寝る前に、今日会社で あったことを ★考える ともなく 考えていたら 、仕事を1つし忘れたことに気づいた。 ⇒ 올바른 문장

⚠ 「AともなくA」=「特にAする理由はないけれど、Aする」「なんとなくAする」

23 정답 1

新聞に 書いてある とはいえ ★本当の話 かどうか わからない。
신문에 쓰여있다고 해도 정말인지 어떤지 알 수 없다.

문제 풀이 TIP

POINT <とはいえ>

① 「新聞に」의 뒤에 동사가 온다
   ⇒ 「新聞に 書いてある」
   新聞に 書いてある _____ ★_____ _____ わからない。
② 「かどうか」의 뒤는 「わからない」가 어울린다
   ⇒ 「かどうか わからない」
   新聞に 書いてある _____ ★_____ かどうか わからない。
③ 「かどうか」앞에 동사／형용사 보통형, 명사가 온다
   ⇒ 「本当の話 かどうか」
   新聞に 書いてある _____ ★本当の話 かどうか わからない。
④ 2 번째 빈칸에는 「とはいえ」가 들어간다 ⇒ 올바른 문장

⚠ 「Aとはいえ」=「A라고 해도」
📝 「春になったとはいえ、まだまだ寒い」

24 정답 4

私の誕生日を 覚えていてくださった ★とは うれしい 限り でございます。
저의 생일을 기억해 주고 있었다니 기쁘기 그지없습니다.

문제 풀이 TIP

POINT <限(かぎ)り> <とは>

① 「私の誕生日を」의 뒤에 동사가 온다
　⇒ 「私の誕生日を　覚えていてくださった」
　私の誕生日を　覚えていてくださった　　★　
　　　　　　　　　　　でございます。

② 「でございます」 앞에 명사, な형용사가 온다
　⇒ 「限り　でございます」
　私の誕生日を　覚えていてくださった　　★　
　　　　　　　　限り　でございます。

③ 「限り」 앞에 「とは」는 오지 않지만, 형용사는 온다
　⇒ 「うれしい　限り」
　私の誕生日を　覚えていてくださった　　★　
　　うれしい　　　限り　でございます。

④ 2번째 빈칸에 「とは」가 들어간다 ⇒ 올바른 문장

⚠ ◇「A限りだ」는, A에 감정을 나타내는 형용사가 들어가고, 「とてもAだ」라는 의미를 나타낸다.

📝 「悲しい限りだ」「うらやましい限りだ」
　◇ 그 밖에, A가 명사일 경우(예「本日限り」), 동사일 경우 (예「できる限り」「知っている限り」「見た限り」「練習しない限り」)가 있다. 「A의 범위에서는」이라는 의미를 나타낸다.
　◇ 「とは」는 문장의 뒤에 붙어서, 그 문장을 강조한다.

📝 「こんな事故が起こるとは、だれも想像していなかった」

25 정답 **3**

たとえ　まだ　　幼い　　★子供　　と
いえども　人の気持ちを理解する。 설령 아직 어린아이라도 사람의 기분을 이해한다.

문제 풀이 TIP

POINT <といえども>

① 「といえども」 앞에 명사, 동사／형용사／명사 보통형이 온다
　⇒ 「子供　といえども」 또는 「幼い　といえども」

② 「幼い」 뒤에 명사 또는 조사가 온다
　⇒ 「幼い　子供　といえども」 또는 「幼い　といえども」

③ 「まだ」 뒤에 조사는 오지 않는다 ⇒ 다음 중 하나가 된다
　A「まだ　幼い　子供　といえども」

　B「まだ　子供　といえども」
　C「まだ　幼い　人」
　D「まだ　幼い　といえども」

　A：たとえ　まだ　　幼い　　★子供　
　　　といえども　人の気持ちを理解する。
　B-1：たとえ　幼い　　まだ　　★子供　
　　　といえども　人の気持ちを理解する。
　B-2：たとえ　まだ　　子供　　★といえども
　　　幼い　人の気持ちを理解する。
　C：たとえ　子供　　といえども　　★まだ
　　　幼い　人の気持ちを理解する。
　D-1：たとえ　まだ　　幼い　　★といえども
　　　子供　人の気持ちを理解する。
　D-2：たとえ　子供　　まだ　　★幼い　
　　　といえども　人の気持ちを理解する。

B, C, D는 의미가 통하지 않는다 ⇒ A가 올바른 문장

⚠ 「Aといえども」＝「Aでも」

📝 「ほんの小さい虫といえども１つの命を持っている」

제 6 회

26 정답 **4**

私の出した案にさんざん　文句を言った
　ところで　　★彼に　　いい考えがある
わけではなかった。 내가 낸 제안에 심하게 불만을 얘기해 보았자 그에게 좋은 생각이 있는 것은 아니었다.

문제문의 의미 「私が出した案に彼は文句をずいぶんたくさん言った。けれども、彼がいい考えをもっていて私に文句を言ったのではなかった」

문제 풀이 TIP

POINT <たところで>

① 「さんざん」 뒤에 동작을 나타내는 말이 온다
　⇒ 「さんざん　文句を言った」
　私の出した案にさんざん　文句を言った　　　
　　　★　　　　　　わけではなかった。

② 「ところで」 앞에 동사 た형이 온다
　⇒ 「さんざん　文句を　言った　ところで」
　私の出した案にさんざん　文句を言った　　とこ
ろで　　　★　　　　　わけではなかった。

③「わけではなかった」앞에 동사／い형용사 보통형, な형용사 [〜な], 명사 [〜の] 가 온다
⇒「いい考えがある　わけではなかった」
私の出した案にさんざん　文句を言った　とこ
ろで　　　★　　　　いい考えがある　わけでは
なかった。
④ 3 번째 빈칸에「彼に」가 들어간다.

⚠ ◇「さんざん」=「매우 심하게」 예「うそをついて、父にさんざん叱られた 거짓말을 해서 아버지에게 매우 혼났다」
◇「〜たところで」=「〜 했다고 한들」
📝「もう 8 時だ。今から行ったところで、授業には間に合わない」

27 정답 3

本日は　ご多忙の　　ところを　　★ご出席　　くださり、ありがとうございました。
오늘은 바쁘신 가운데 참석해 주셔서 고맙습니다.

문제 풀이 TIP

POINT <ところを>

①「ありがとうございます」앞에 [명사＋を], 동사 て형, 동사 ます형이 온다
⇒「くださり、ありがとうございました」
本日は＿＿＿＿＿＿＿　＿＿＿＿＿＿＿　★＿＿＿＿＿
＿＿くださり＿、ありがとうございました。

②「くださり」의 앞은 [명사＋を], [ご＋동작을 나타내는 명사], [お＋동사 ます형]이 온다
⇒「ご出席　くださり」
本日は＿＿＿＿＿＿＿　＿＿＿＿＿＿＿　★ご出席
＿＿くださり＿、ありがとうございました。

③「ところを」앞에 동사／형용사 보통형, 명사 [〜の] 가 온다
⇒「ご多忙の　ところを」(1 번째 빈칸, 2 번째 빈칸이 정해진다)

⚠「〜ところを」=「〜 인 상황인데」
📝「お休みのところを、おじゃまします」

28 정답 3

うちの　息子　　★ときたら　　学校から　帰ると　すぐゲームを始めて、テレビの前から動かなくなる。 우리 아들은 학교에서 돌아오면 바로 게임을 시작해서 텔레비전 앞에서 움직이지 않는다.

문제 풀이 TIP

POINT <ときたら>

①「ときたら」앞에 사람이나 기관을 나타내는 명사가 온다
⇒「息子と　きたら」
②「帰ると」앞에 [명사＋조사(に・へ・から)] 가 온다
⇒「学校から　帰ると」
③「うちの」뒤에 명사가 온다 ⇒ 다음 중 하나가 된다
A「うちの　息子　ときたら」
B「うちの　学校から　帰ると」
A：うちの　息子　　★ときたら　　学校から　帰ると　すぐゲームを始めて、テレビの前から動かなくなる。
B：うちの　学校から　　★帰ると　　息子　ときたら　すぐゲームを始めて、テレビの前から動かなくなる。
B는 의미가 통하지 않는다 ⇒ A 가 어울린다 ⇒ 올바른 문장

⚠「〜ときたら」=「〜 는」(강조, 비난이나 불만의 기분을 나타낸다)

29 정답 3

この子は目　といい　　★鼻　　といい　父親に　そっくりだ。 이 아이는 눈도 그렇고 코도 그렇고 부모와 꼭 닮았다.

문제 풀이 TIP

POINT <といい〜といい>

①「目」「鼻」뒤에 조사가 온다.
⇒「目　といい」「鼻　といい」
②「目といい」「鼻といい」는 연속해서 사용된다
⇒「目　といい　鼻　といい」
この子は目　といい　　★鼻　　といい　　　　　そっくりだ。
② 4 번째 빈칸에는「父親に」가 들어간다 ⇒ 올바른 문장

⚠「AといいBといい〜」=「A 도 B 도 그 외도〜」(강조의 표현)
📝「母の料理は、味といい盛り付けといいどこからみても一流だ」

30 정답 3

市長は市の　実情に　　★即した　　医療制度の　あり方を　検討すると述べた。
시장은 시의 실정에 맞는 의료 제도의 본연의 모습을 검토할 것이라고 말했다.

> 문제문의 의미 「市長は、今の市の実際の状況に合った病院や保健所のシステムを考えると言った」

> 문제 풀이 TIP

POINT <に即した>

① 「検討する」앞에 「〜を」가 온다
   ⇒ 「あり方を　検討する」
   市長は市の_____　____★____　_____
   あり方を　検討すると述べた。
② 「即した」앞에 「〜に」가 온다
   ⇒ 「実情に　即した」
③ 「医療制度の」뒤에 명사가 온다 ⇒ 다음 중 하나가 된다
   A : 市長は市の　医療制度の　　★実情に　
   　　即した　　あり方を　検討すると述べた。
   B : 市長は市の　実情に　　★即した　　医療制度の　　あり方を　検討すると述べた。
   A는 어떤 방법을 검토하는 것인지 알 수 없다 ⇒ B가 올바른 문장

⚠ 「〜に即した」=「〜에 맞는」

제 7 회

31 정답 4

久しぶりに家族が　そろう　　とあって
　★両親は　　うれしそうな　様子だった。
오랜만에 가족이 모여서 부모님은 기쁜 모습이었다.

> 문제 풀이 TIP

POINT <とあって>

① 「とあって」앞에 동사/형용사/명사 보통형이 온다
   ⇒ 「そろう　とあって」
② 「そろう」앞에 [명사+が] 가 온다
   ⇒ 「家族が　そろう　とあって」
   久しぶりに家族が　そろう　　とあって
   ____★____　_____様子だった。
③ 「様子」앞에 동사/い형용사 보통형, な형용사 [〜な], 명사 [〜の] 가 온다
   ⇒ 「うれしそうな　様子だった」
   久しぶりに家族が　そろう　　とあって
   ____★____　うれしそうな　様子だった。
④ 3번째 빈칸에는 「両親は」가 들어간다 ⇒ 올바른 문장

⚠ 「〜とあって」=「〜 이므로, 역시」(이유)

📝 「日曜日とあって、公園は家族連れでにぎわっている」

32 정답 3

何かあって私が落ち込んでいると、　それを　
　★聞いた　　わけでもない　　のに
母は私にタイミングよく電話をくれる。
무슨 일이 있어 내가 침울해하고 있으면, 그 얘기를 들은 것도 아닌데 엄마는 적절한 순간에 나에게 전화를 해주신다.

> 문제 풀이 TIP

POINT <わけでもない>

① 「わけでもない」의 앞에 동사/い형용사 보통형, な형용사 [〜な], 명사 [〜の] 가 온다
   ⇒ 「聞いた　わけでもない」
② 「のに」의 앞에 동사/い형용사 보통형, な형용사 [〜な], 명사 [〜な] 가 온다
   ⇒ 「聞いた　わけでもない　のに」
③ 「それを」의 뒤에 동사가 온다
   ⇒ 「それを　聞いた　わけでもない　のに」⇒ 올바른 문장

33 정답 4

若者の間で人気のある漫画の多くは、　年配の人　　にとっては　　★読む　　にたえない　ものらしい。
젊은이들 사이에서 인기 있는 만화의 대부분은 연배 있는 사람에게는 읽기 거북한 것인 것 같다.

> 문제문의 의미 「若者の間で人気がある漫画の多くは、年を取っている人には読む価値がない、ひどいものらしい」

> 문제 풀이 TIP

POINT <にたえない>

① 「にたえない」앞에 동사 사전형이 온다
   ⇒ 「読む　にたえない」
② 「ものらしい」앞에 동사/い형용사 사전형, な형용사 [〜な], 명사 [〜の] 가 온다
   ⇒ 「読む　にたえない　ものらしい」
   若者の間で人気のある漫画の多くは、_____
   _____　★読む　　にたえない　ものらしい。

③「にとって (は)」앞에 명사가 온다
  ⇒「年配の人　にとっては」(1번째 빈칸, 2번째 빈칸이 정해진다) ⇒ 올바른 문장

⚠️ ◇「A(동사 사전형)＋にたえない」＝「A できない」

📝「2人のけんかは聞くにたえないものだった」
  ◇「感謝にたえない」「感激にたえない」＝「とても～している」という使い方もある。

34 정답 2

この町で住民の　信頼　　に足る　　★医者は　　彼の　　ほかに誰がいるだろうか。 이 마을에서 주민의 신뢰를 받는 의사는 그 말고 누가 있을까?

문제문의 의미 「この町には住民が信頼できる医者は彼しかいない」

문제 풀이 TIP

POINT ＜に足る＞

①「に足る」앞에 명사가 온다
  ⇒「信頼　に足る」
②「に足る」뒤는 사람이나 기관을 나타내는 명사가 어울린다
  ⇒ 다음 중 하나가 된다
  A「信頼　に足る　医者は」
  B「信頼　に足る　彼の」
③「住民の」뒤에 명사가 온다 ⇒ 다음 중 하나가 된다
  A「この町で住民の　信頼　に足る　医者は」
  B「この町で住民の　信頼　に足る　彼の」
  C「この町で住民の　医者は」
  A：この町で住民の　信頼　　に足る　　★医者は　　彼の　　ほかに誰がいるだろうか。
  B：この町で住民の　信頼　　に足る　　★彼の　　医者は　　ほかに誰がいるだろうか。
  C：この町で住民の　医者は　　信頼に　　★に足る　　彼の　　ほかに誰がいるだろうか。
  ⇒ B, C는 의미가 통하지 않는다 ⇒ A가 올바른 문장

⚠️「〜に足る」＝「〜できる」「〜のにふさわしい」

📝「今日の会議では、検討するに足る意見が何も出なかった」

35 정답 2

昨年の　作品の　　評判が　　★良かった　　のにひきかえ　、今年の彼女の作品は出来がいまひとつだ。 작년의 작품의 평판이 좋았던 것에 비해 올해 그녀의 작품은 완성도가 조금 부족하다.

문제 풀이 TIP

POINT ＜のにひきかえ＞

①「のにひきかえ」앞에 동사／い형용사 보통형, な형용사 [〜な], 명사 [〜な] 가 온다
  ⇒「良かった　のにひきかえ」
②「作品の」뒤에 명사가 온다
  ⇒「作品の　評判が」
③「昨年の」뒤에 명사가 온다
  ⇒「昨年の　作品の　評判が」
  昨年の　作品の　　評判が　　★　　　　、今年の彼女の作品は出来がいまひとつだ。
④ 3번째 빈칸, 4번째 빈칸에「良かった　のにひきかえ」가 들어간다 ⇒ 올바른 문장

⚠️「〜にひきかえ」＝「〜와는 반대로」

📝「姉はスポーツが好きで明るいのにひきかえ、妹は読書が好きで静かな性格だ」

제 8회

36 정답 4

恋人ができた彼女は、　以前　　★にもまして　　おしゃれに　　気をつかう　　ようになった。 애인이 생긴 그녀는 이전보다 더 옷차림에 신경 쓰게 되었다.

문제문의 의미 「彼女は恋人ができてから、前よりもっとおしゃれに注意をするようになった」

문제 풀이 TIP

POINT ＜にもまして＞

①「気をつかう」앞에「〜に」가 온다
  ⇒「おしゃれに　気をつかう」
②「ようになった」앞에 동사 사전형이 온다
  ⇒「気をつかう　ようになった」
  恋人ができた彼女は、　　　　　★　　　　　おしゃれに　　気をつかう　ようになった。

③「にもまして」 앞에 명사가 온다
　⇒「以前　にもまして」(1 번째 빈칸, 2 번째 빈칸이 정해진다)
　⇒ 올바른 문장

37 정답 3

憧れていた歌手に　会える　　とは　　★感激の　　極み　である。 동경하던 가수를 만나다니 너무 감격이다.

문제 풀이 TIP

POINT ＜の極み＞
① 「極み」 앞에 명사 〔〜の〕가 온다
　⇒「感激の　極み」
② 「である」 앞에 명사가 온다
　⇒「感激の　極み　である」
　憧れていた歌手に_____　_____　★感激の　極み　である。
③ 「歌手に」의 뒤에 동사가 온다
　⇒「憧れていた歌手に　会える」
　憧れていた歌手に　会える　　_____　★感激の　極み　である。
④ 2 번째 빈칸에 「とは」가 들어간다 ⇒ 올바른 문장
⚠ 「〜の極みだ」 = 「이 이상은 없을 정도로 매우 〜다」

38 답 2

母が亡くなって一人暮らしを始めた父だが、　料理　はおろか　★お茶を入れること　さえ　自分でしたことがなかったので、とても苦労している。 어머니가 돌아가시고 독신 생활을 시작한 아버지는, 요리는 고사하고 차를 마시는 것조차 스스로 한 적이 없었기 때문에, 굉장히 고생하고 있다.

문제 풀이 TIP

POINT ＜はおろか＞
① 「自分で」 앞에 명사는 오지 않는다
　⇒「さえ　自分でしたことがなかった」
　母が亡くなって一人暮らしを始めた父だが、
　_____　_____　★_____　さえ　自分でしたことがなかったので、
② 「はおろか」의 앞과 뒤에 명사가 온다 ⇒ 다음 중 하나가 된다

A「料理　はおろか　お茶を入れること」
B「お茶を入れること　はおろか　料理」
A：母が亡くなって一人暮らしを始めた父だが、　料理　はおろか　★お茶を入れること　さえ　自分でしたことがなかったので、
B：母が亡くなって一人暮らしを始めた父だが、　お茶を入れること　はおろか　★料理　さえ　自分でしたことがなかったので、
「お茶を入れること」는 「料理」보다 쉬운 것이므로, B는 올바르지 않다 ⇒ A가 올바르다
⚠ 「AはおろかBさえ〜ない」=「Aはもちろんも〜ない」
　(A는 B 보다 정도가 위의 것)
📝 「彼は漢字はおろかひらがなさえ読めない」

39 정답 3

ただ嫌いだというだけの理由でその人を　傷つける　★のは　許す　まじき　行為だ。 단지 싫어한다는 이유로 그 사람을 상처 주는 것은 용서해서는 안 되는 행위다.

문제문의 의미 「その人が嫌いだからという理由だけでその人を傷つけるのは、絶対に許すべきではない行為だ」

문제 풀이 TIP

POINT ＜のは＞＜まじき＞
① 「〜まじき」 뒤에 명사가 온다
　⇒「〜まじき　行為だ」
　その人を_____　_____★_____　_____まじき　行為だ。
② 「その人を」의 뒤에 동사가 온다
　⇒「その人を　許す」 또는「その人を　傷つける」
③ 「のは」의 앞에 동사／い형용사 보통형, な형용사 〔〜な〕, 명사 〔〜な〕가 온다 ⇒ 다음 중 하나가 된다
A「その人を　傷つける　のは」
B「その人を　許す　のは」
A：「その人を　傷つける　のは　許す　まじき　行為だ」
B：「その人を　許す　のは　傷つける　まじき　行為だ」
B는 의미가 통하지 않는다 ⇒ A가 올바른 문장

⚠️ ◇「~まじき」는 뒤에 명사가 와서, 「~べきではない~」라는 의미를 나타낸다.
◇「문장(동사/형용사)+のは+ 명사/형용사」

📝 「スポーツをするのは気持ちがいい」
「悪いのは私だ。あなたではない」
「年を取っても元気なのはすばらしいことです」

40 정답 2

円高だから　海外旅行に行く　　★日本人が　増えている　　かというと、必ずしもそうではない。엔고 현상이라서 해외여행을 가는 일본인이 늘고 있는가 하면, 꼭 그렇지는 않다.

문제문의 의미 「日本の円が高いから外国へ旅行に行く日本人が増えているだろうと思うのが普通だが、実際はそうではない。それほど増えていない」

문제 풀이 TIP

POINT ＜かというと＞
① 「かというと」 앞에 「~が」는 오지 않는다. 문장(동사/형용사/명사 보통형)이 온다 ⇒ 다음 중 하나가 된다
　A「増えている　かというと」
　B「海外旅行に行く　かというと」
② 「日本人が」 뒤에 동사, 형용사, 명사가 온다 ⇒ 다음 중 하나가 된다
　A「日本人が　増えている　かというと」
　B「日本人が　海外旅行に行く　かというと」
③ 「必ずしもそうではない」 앞에 동사는 오지 않는다
　⇒ 「かというと　必ずしもそうではない」
　A：「(円高だから)　海外旅行に行く　日本人が　増えている　かというと、(必ずしもそうではない)」
　B：「(円高だから)　増えている　日本人が　海外旅行に行く　かというと、(必ずしもそうではない)」
　B 는 의미가 통하지 않는다 ⇒ A 가 올바르다

제 9 회
41 정답 3

せっかく当たった宝くじも、　交換の　　期限を　　★過ぎて　　しまえば　それまでだ。
모처럼 당첨된 복권도 교환 기한을 넘겨버리면 그뿐이다.

문제문의 의미 「なかなか当たらない宝くじが当たっても、お金に換えられる期限が過ぎてしまったら、もう終わりだ。(当たった宝くじの価値はゼロになる)」

문제 풀이 TIP

POINT ＜ばそれまでだ＞ ＜てしまう＞
① 「それまでだ」 앞에 「~ば」가 온다
　⇒ 「しまえば　それまでだ」
② 「しまう」 앞에 「~て」가 온다
　⇒ 「過ぎて　しまえば　それまでだ」
　せっかく当たった宝くじも、＿＿＿＿　＿＿＿＿　★過ぎて　　しまえば　それまでだ。
③ 「交換の」 뒤에 명사가 온다
　⇒ 「交換の　期限を」
④ 「期限を」의 뒤에 동사가 온다
　⇒ 「交換の　期限を　過ぎて　しまえば　それまでだ」 ⇒ 올바른 문장

42 정답 2

水道管が破損して水が流れないので、トイレのドアに「　故障　　★につき　　使用するべからず　」と書いた紙を張った。
수도관이 파손돼서 물이 흐르지 않기 때문에 화장실 문에 「고장이므로 사용하지 말 것」이라고 쓴 종이를 붙였다.

문제 풀이 TIP

POINT ＜べからず＞ ＜につき＞
① 「べからず」 앞에 동사 사전형이 온다
　⇒ 「使用する　べからず」
② 「べからず」는 문장의 끝에 온다
　「＿＿＿＿　★＿＿＿＿　使用する　べからず」
③ 「につき」 앞에 명사가 온다
　⇒ 「故障　につき」(1 번째 빈칸, 2 번째 빈칸이 정해진다) ⇒ 올바른 문장

⚠️「Aべからず」=「Aできない／Aしてはいけない」
📝「芝生に入るべからず」

43 정답 1

不当な　労働条件の　　★改善を　　要求する　　べく、社員が団結して立ち上がった。
부당한 노동조건의 개선을 요구하고자 사원은 단결하여 일어섰다.

문제 풀이 TIP

POINT ＜べく＞
①「べく」앞에 동사 사전형이 온다
　⇒「要求する　べく」
②「労働条件の」뒤에 명사가 온다
　⇒「労働条件の　改善を」
③「改善を」의 뒤에 동사가 온다
　⇒「労働条件の　改善を　要求する　べく」
　⇒ 올바른 문장

44 정답 3

Ｓ社は、5 年前に　発売した　　ゲーム機を　　★皮切り　　として　　いくつもの新商品を開発している。 S사는 5년 전에 발표한 게임기를 시작으로 몇 개의 신상품을 개발하고 있다.

문제 풀이 TIP

POINT ＜を　皮切りとして＞
①「皮切り」뒤에「として」가 온다
　⇒「皮切り　として」
②「皮切り」앞에「～を」가 온다
　⇒「ゲーム機を　皮切り　として」
③「5 年前に」뒤에 동사가 온다
　⇒「（5 年前に）　発売した　ゲーム機を　皮切りとして」⇒ 올바른 문장

⚠️「Aを皮切りとして、B」=「A가 최초로, 그것에 이어 B」

45 정답 4

児童虐待のニュースを耳にするたびに　身勝手な大人に　　★対する　　憤りの念を　　禁じえない　のは、私だけではないはずだ。
아동 학대에 관한 뉴스를 들을 때마다 제멋대로인 어른에 대한 분노의 심정을 금할 수 없는 것은 나만이 아닐 것이다.

문제 풀이 TIP

POINT ＜を禁じえない＞＜に対する＞
①「禁じえない」앞에「～を」가 온다
　⇒「憤りの念を　禁じえない」
②「対する」앞에「～に」가 온다
　⇒「身勝手な大人に　対する」
③ ①, ② 중 어느 것이 앞에 오는지를 생각한다.
　A：「(児童虐待のニュースを耳にするたびに)
　　　身勝手な大人に　対する　憤りの念を　禁じえない　(のは、)」
　B：「(児童虐待のニュースを耳にするたびに)
　　　憤りの念を　禁じえない　身勝手な大人に　対する　(のは、)」
　B는 의미가 통하지 않는다 ⇒ A가 올바르다

제 10 회

46 정답 1

数々の賞をとった作品を私のような　素人が　　★今さら　　批評する　　までもない　だろう。 수많은 상을 받은 작품을 나 같은 아마추어가 이제 와서 비평할 필요는 없을 것이다.

문제 풀이 TIP

POINT ＜までもない＞
①「までもない」앞에 동사 사전형이 온다
　⇒「批評する　までもない」
②「だろう」의 앞은「今さら」도「素人が」도 오지 않는다
　⇒「批評する　までもない」가 온다
　⇒「批評する　までもない　だろう」(3 번째 빈칸, 4 번째 빈칸이 정해진다)
③「私のような」뒤에 명사가 온다
　⇒「私のような　素人が」
　数々の賞をとった作品を私のような　素人が　　★　　批評する　　までもない　だろう。
　⇒ 3 번째 빈칸에「今さら」가 들어간다 ⇒ 올바른 문장

⚠️「Aまでもない」=「A(할)필요가 없다」

47 정답 1

前もって予定を知らせて　おいて　　★くれれば　　心配せずに　　すんだ　ものを、君が帰宅しないといって昨夜は大騒ぎだったんだよ。
미리 예정을 알려주었다면 걱정하지 않고 지냈을 것을, 자네가 귀가하지 않아서 어젯밤은 난리였어.

> 문제문의 의미: 「君が昨夜は家に帰らないということを私たちに前もって知らせておけば、私たちは心配しなかったのに、(知らせてくれなかったから) 君のことをみんなで心配して大騒ぎだったよ」

문제 풀이 TIP

POINT ＜ずにすむ＞ ＜ものを＞ ＜ておく＞ ＜てくれる＞

① 「～ずに」 뒤는 「すんだ (すむ)」가 어울린다
 ⇒ 「心配せずに　すんだ」
② 「ものを」 앞에 동사 보통형이 온다
 ⇒ 「心配せずに　すんだ　ものを」
 ＿＿＿　＿＿★＿＿　心配せずに　すんだ　ものを
③ 「おいて」 앞에 「～て」가 온다
 ⇒ 「知らせて　おいて」
④ 「くれれば」 앞에 「～て」가 온다
 ⇒ 「知らせて　おいて　くれれば」
⑤ ②와 ④가 이어진다 ⇒ 올바른 문장

48 정답 3

彼を　おいて　　★その賞に　　ふさわしい　人は　いない。 그를 제외하고 그 상에 어울리는 사람은 없다.

> 문제문의 의미: 「その賞をもらうほど優れた人は、彼以外にはいない」

문제 풀이 TIP

POINT ＜を おいて＞

① 「おいて」 앞에 「～を」가 온다
 ⇒ 「彼を　おいて」
② 「いない」의 앞은 「人は」가 어울린다
 ⇒ 「人は　いない」
 彼を　おいて　＿＿＿★＿＿　＿＿＿　人は　いない。

③ 「ふさわしい」 뒤에 명사가 온다
 ⇒ 「ふさわしい　人は　いない」
 彼を　おいて　＿＿＿★＿＿　ふさわしい　人は　いない。
④ 2번째 빈칸에 「その賞に」가 들어간다 (「ふさわしい」 앞에 「～に」가 온다) ⇒ 올바른 문장

49 정답 1

教授は今日まで　周囲からの　　★批判を　ものともせずに　　研究に　取り組んでこられました。 교수는 오늘까지 주위에서의 비판을 개의치 않고 연구에 몰두하며 견뎌냈습니다.

문제 풀이 TIP

POINT ＜を ものともせずに＞

① 「ものともせずに」 앞에 「～を」가 온다
 ⇒ 「批判を　ものともせずに」
② 「取り組む」 앞에 [명사+に] 가 온다
 ⇒ 「研究に　取り組んでこられました」
 教授は今日まで＿＿＿　＿＿★＿＿　＿＿＿　研究に　取り組んでこられました。
③ 다음 중 하나가 된다.
 A : 「批判を　ものともせずに　周囲からの　研究に　取り組んでこられました」
 B : 「周囲からの　批判を　ものともせずに　研究に　取り組んでこられました」
 A의 밑줄 「周囲からの研究」는 의미가 통하지 않는다
 ⇒ B가 올바른 문장

⚠ 「Aをものともせずに」＝「Aがあっても、それに負けないで、がんばって」

50 정답 1

A氏は、上司から受けた不当な扱いに　よって　　★退職を　　余儀なくされた　　として　会社に損害賠償を求めた。 A 씨는 상사에게 당한 부당한 대우에 의해 퇴직할 수밖에 없었다며 회사에 손해배상을 청구했다.

문제 풀이 TIP

POINT ＜を余儀(よぎ)なくされる＞ ＜によって～れる・られる＞

① 「余儀なくされた」앞에 「～を」가 온다
  ⇒ 「退職を　余儀なくされた」
② 「として」앞에 동사／형용사／명사 보통형이 온다
  ⇒ 「余儀なくされた　として」
  ⇒ 「退職を　余儀なくされた　として」
③ 「よって」의 앞은 [명사＋に]가 온다
  ⇒ 「不当な扱いに　よって」
  「(A氏は、上司から受けた不当な扱いに)　よって　退職を　余儀なくされた　として(会社に損害賠償を求めた)」⇒ 올바른 문장
⚠ 이「として」는「~라고 말하고／~라고 생각하고」라는 의미로 쓰이고 있다. 예)「会社の金を使い込んだとして会社が社員を裁判に訴えた 회사 돈을 사용했다고 해서 회사가 사원을 재판에 고소했다」

제 11 회

51 정답　2

大雨で市民が　被害を受けているの　　を　よそに　　★市長が旅先で　　ゴルフをしていた　ことが問題になっている。 폭우로 시민이 피해를 입고 있는데 아랑곳하지 않고 시장이 여행지에서 골프를 하고 있었다는 사실이 문제시되고 있다.

문제 풀이 TIP

POINT ＜をよそに＞

① 「をよそに」앞에 명사 또는 [문장(동사／형용사・형용사)＋の]가 온다
  ⇒ 「被害を受けているの　をよそに」
② 「大雨で市民が」의 뒤에 동사가 온다
  ⇒ 「被害を受けた」나「ゴルフをしていた」중 하나가 된다
  ⇒ 「被害を受けた」가 어울린다
  大雨で市民が　被害を受けているの　をよそに　　★　　　　　　ことが問題になっている。
③ 「こと」앞에「～で」는 오지 않는다. 「こと」앞에 오는 것은, 동사／い형용사 보통형, な형용사 [～な], 명사 [～の]
  ⇒ 「ゴルフをしていた　ことが問題になっている」
④ 3번째 빈칸에「市長が旅先で」가 들어간다 ⇒ 올바른 문장

52 정답　4

10年に　わたって　　活躍した　　★S選手が　　今季を　限りに引退することになった。 10년에 걸쳐서 활약한 S 선수가 이번 시즌을 마지막으로 은퇴하기로 했다.

문제 풀이 TIP

POINT ＜を限(かぎ)りに＞＜にわたって＞

① 「限りに」앞에「～を」가 온다
  ⇒ 「今季を　限りに」
② 「わたって」앞에「～(시간／거리)に」가 온다
  ⇒ 「10年にわたって」
  10年に　わたって　　　　　　★　　　　今季を　限りに引退することになった。
③ 다음 중 하나가 된다.
  A：「10年に　わたって　活躍した　S選手が　今季を　限りに引退することになった」
  B：「10年に　わたって　S選手が　活躍した　今季を　限りに引退することになった」
  B의 밑줄 부분은 의미가 통하지 않는다 ⇒ A가 올바르다

53 정답　1

動物の一生は、少しでも　多くの　　子孫を　　★残さんが　　ための　戦いである。 동물의 일생은 조금이라도 많은 자손을 남기기 위한 전쟁이다.

문제 풀이 TIP

POINT ＜んがため＞

① 「残さんが」뒤에「ため」가 온다
  ⇒ 「残さんが　ための」
② 「残さん(残す)」앞에「～を」가 온다
  ⇒ 「子孫を　残さんが　ための」
③ 「多くの」뒤에 명사가 온다
  ⇒ 「多くの　子孫を」
  ⇒ 「多くの　子孫を　残さんが　ための」⇒ 올바른 문장

54 정답 4

たばこ税の増税が ＿喫煙人口の＿ ＿★減少に＿ ＿拍車をかける＿ ＿のは＿ 間違いないだろう。
담배의 세금을 늘리는 것이 흡연자의 감소에 박차를 가하는 것은 틀림없을 것이다.

[문제문의 의미]「たばこの税金が上がれば（たばこの値段が上がるので）、たばこを吸う人がますます減るだろう」

[문제 풀이 TIP]

POINT ＜のは＞ ＜に拍車(はくしゃ)をかける＞

① 「〜のは」 앞에 동사/い형용사 보통형, な형용사 [〜な], 명사 [〜な] 가 온다
  ⇒ 「拍車をかける　のは」
② 「拍車をかける」 앞에 「〜に」가 온다
  ⇒ 「減少に　拍車をかける　のは」
③ 「喫煙人口の」 뒤에 명사가 온다
  ⇒ 「喫煙人口の　減少に」
  ⇒ 「喫煙人口の　減少に　拍車をかける　のは　間違いないだろう」 ⇒ 올바른 문장

⚠ 「Aに拍車(はくしゃ)をかける」 = 「A가 점점 진행되다」

55 정답 3

こんなに ＿簡単な問題を＿ ＿解くのに＿ ＿★苦労する＿ ＿ようでは＿ 合格は無理だ。
이렇게 간단한 문제를 푸는데 쩔쩔매서는 합격은 무리다.

[문제 풀이 TIP]

POINT ＜ようでは＞

① 「ようでは」 앞에 조사는 오지 않는다. 여기서는 동사가 온다 ⇒ 「苦労する　ようでは」
② 「解く」의 앞은 「問題を」가 어울린다
  ⇒ 「簡単な問題を　解くのに」
③ 「苦労する」 앞에 「〜に」가 온다
  ⇒ 「解くのに　苦労する　ようでは」
  ⇒ 「こんなに　簡単な問題を　解くのに　苦労する　ようでは　（合格は無理だ）」 ⇒ 올바른 문장

⚠ 「〜に苦労(くろう)する」의 예: 「子育てに苦労している若い親が多いようだ」「私は英語を覚えるのにたいへん苦労しました」

제12회

56 정답 2

学生時代にもっと勉強して ＿おけば＿ ＿★よかったと＿ ＿今さら＿ ＿ながら＿ 後悔している。
학생 시절에 좀더 공부해 뒀다면 좋았을 텐데 라고 이제 와서 새삼 후회하고 있다.

[문제 풀이 TIP]

POINT ＜ておく＞ ＜ばよかった＞ ＜ながら＞

① 「おけば(おく)」 앞에 「〜て」가 온다
  ⇒ 「勉強して　おけば」
  学生時代にもっと勉強して ＿おけば＿ ＿★＿ ＿＿＿＿ ＿＿＿＿ 後悔している。
② 「ながら」의 앞은 「今さら」가 어울린다
  ⇒ 「今さら　ながら」
③ 「今さら　ながら」의 뒤에 동사가 온다
  ⇒ 「今さら　ながら　後悔している」
  学生時代にもっと勉強して ＿おけば＿ ＿★＿ ＿今さら＿ ＿ながら＿ 後悔している。
④ 2번째 빈칸에 「よかったと」가 들어간다 ⇒ 올바른 문장

⚠ 「〜と後悔する」의 「と」는, 뒤의 동사(「後悔する」)의 내용(何をどのように後悔したか)를 나타내는 인용문(「もっと勉強しておけばよかった」)의 끝에 붙는다.
  예 ① 「学生時代の不勉強を後悔している」 ② 「学生時代に勉強しなかったことを後悔している」 ③ 「学生時代になぜもっと勉強しなかったのだろうと後悔している」

57 정답 4

財産があれば何の心配もないのかと思っていたが、金持ちは金持ち ＿なりに＿ ＿★貧乏人には＿ ＿わからない＿ ＿悩みが＿ あるようだ。
재산이 있으면 아무 걱정도 없을 것이라고 생각했는데, 부자는 부자 나름대로 가난한 사람은 모르는 고민이 있는 듯하다.

[문제 풀이 TIP]

POINT ＜なりに＞

① 「ある」 앞에 「〜が」가 온다
  ⇒ 「悩みが　あるようだ」
② 「金持ち」 뒤에 직접 명사나 동사가 오지는 않지만, 「なりに」는 명사 뒤에 직접 붙는다
  ⇒ 「金持ち　なりに」

財産があれば何の心配もないのかと思っていたが、金持ちは金持ち___なりに___ ___★___ _____ 悩みが___ あるようだ。

③「わからない」의 앞은 「～ (人) には」가 어울린다
　⇒「貧乏人には わからない」
④ 2 번째 빈칸, 3 번째 빈칸에「貧乏人には わからない」가 들어간다 ⇒ 올바른 문장

⚠ 「金持ちは金持ちなりに悩みがある」=「お金があると、お金があることによって生じる悩みがある」

58 정답 1

これは、経験と実績がある___ベテラン___ にして ___★はじめて___ ___こなせる___ 大仕事だ。
이것은 시험과 실적이 있는 베테랑만이 할 수 있는 중요한 일이다.

문제 풀이 TIP

POINT ＜にして＞

①「にして」앞에 명사가 온다
　⇒「ベテラン にして」
②「経験と実績がある」뒤에 명사가 온다
　⇒「経験と実績がある ベテラン にして」
　これは、経験と実績がある___ベテラン___ にして ___★___ _____大仕事だ。
③「はじめて」의 뒤에 동사가 온다
　⇒「はじめて こなせる」
④ 3 번째 빈칸, 4 번째 빈칸에「はじめて こなせる」가 들어간다
　⇒ 올바른 문장

⚠「～にしてはじめてできる」=「～でなければできない／～だけができる」

💬「ノーベル賞は彼のような超一流の学者にしてはじめて受けられる賞だ」

59 정답 3

事故で両親を亡くした女の子は___ショックの___ ___★あまりに___ ___口を___ ___きかなくなって___ しまった。
사고로 부모를 잃은 여자아이는 충격 받은 나머지 말을 하지 않게 되어버렸다.

문제 풀이 TIP

POINT ＜あまりに＞

①「あまり」앞에, 동사 보통형, 명사[～の]가 온다
　⇒「ショックの あまりに」
②「口を」뒤에 동사가 온다
　⇒「口を きかなくなって」
③「しまった」앞에「～て」가 온다
　⇒「口を きかなくなって しまった」
　事故で両親を亡くした女の子は_____ ___★___ ___口を___ ___きかなくなって___ しまった。
④「ショックの あまりに」가 1 번째 빈칸, 2 번째 빈칸에 들어간다 ⇒ 올바른 문장

⚠ ◇「口をきく」= 말하다 예「あの人は静かで、あまり口をきかない」그 사람은 조용해서, 그다지 말을 많이 안한다
　◇「ショックのあまりに」(「に」는 원인을 나타낸다) =「ショックのあまり／ショックが大きかったので」충격이 커서

60 정답 4

これから始まる仕事にはかなりの困難が予想されますが、___みなさんの___ ___★経験と___ ___実績を___ ___もってすれば___、成功はまちがいありません。 지금부터 시작하는 일은 굉장히 어려울 것이라 예상됩니다만, 여러분의 경험과 실적이라면 성공은 틀림없습니다.

문제 풀이 TIP

POINT ＜を もってすれば＞

①「もってすれば」앞에「～を」가 온다
　⇒「実績を もってすれば」
②「、」의 앞은「～ば」가 어울린다
　⇒「実績を もってすれば、成功はまちがいありません」
　_____ ___★___ ___実績を___ ___もってすれば___、成功はまちがいありません。
③「みなさんの」뒤에 명사가 온다
　⇒「みなさんの 経験と」
④「みなさんの 経験と」가 1 번째 빈칸, 2 번째 빈칸에 들어간다
　⇒ 올바른 문장

제 13 회

61 정답 3

いかにも　親切そうな女性が　　★言葉巧みに　　投資の話をする　　ものだから、私はすっかりだまされてしまった。
정말로 친절할 것 같은 여성이 교묘한 말솜씨로 투자 이야기를 하니까, 나는 완전히 속고 말았다.

문제 풀이 TIP

POINT ＜いかにも～そう＞ ＜ものだから＞

① 「いかにも」 뒤는 「～そう」가 어울린다
　⇒ 「いかにも　親切そうな女性が」
　いかにも　親切そうな女性が　　　★
　　　　　　　　　　　　　　、私はすっかりだまされてしまった。
② 「ものだから」 앞에, 동사／い형용사 보통형, な형용사 [～な], 명사 [～な] 가 온다
　⇒ 「投資の話をする　ものだから」
③ 「言葉巧みに」의 뒤에 동사가 온다
　⇒ 「言葉巧みに　投資の話をする　ものだから」
　⇒ 2번째 빈칸, 3번째 빈칸, 4번째 빈칸이 정해진다 ⇒ 올바른 문장

⚠ 「言葉巧みに」 = 사람을 속이거나 꼬실 때, 능숙한 말로 이야기하는 모습 ⑩ 「彼は彼女を言葉巧みに誘って、不良グループに入れようとした」

62 정답 3

引越しが終わると、荷物の　　片付けも　　★そこそこに　　町の探検に　出かけた。
이사가 끝나자 짐 정리도 대충 하고 마을 탐색에 나섰다.

문제 풀이 TIP

POINT ＜も そこそこに＞

① 「そこそこに」 앞에 「～も」가 온다
　⇒ 「片付けも　そこそこに」
② 「出かけた」의 앞은 「～へ／に」가 온다
　⇒ 「町の探検に　出かけた」
　引越しが終わると、　　　　　　　★
　　　町の探検に　出かけた。
③ 「荷物の」 뒤에 명사가 온다 ⇒ 다음 중 하나가 된다
　A 「荷物の　片付けも　そこそこに」
　B 「荷物の　町の探検に　出かけた」

B 는 의미가 통하지 않는다 ⇒ A 가 어울린다 ⇒ 1 번째 빈칸, 2 번째 빈칸, 3 번째 빈칸이 정해진다 ⇒ 올바른 문장

⚠ 「Aもそこそこに」 = 「Aを　全部しないで／完全にしないで」 「Aがすっかり終わらないうちに」

63 정답 4

交通量の多い道路に突然子どもが飛び出し、あわや　　人身事故に　　★なる　　ところ　だった。교통량이 많은 도로에 갑자기 아이가 뛰어나와서 하마터면 인사사고가 날 뻔했다.

문제 풀이 TIP

POINT ＜あわや～ところだった＞

① 「あわや」가 있기 때문에, 이 문장은 아직 일어나지 않은 것을 나타낸다
　⇒ 「ところ　だった」가 어울린다
② 「ところ　だった」 앞에 동사가 온다
　⇒ 「なる　ところ　だった」
③ 「なる」의 앞은 「～に」가 어울린다
　⇒ 「人身事故に　なる　ところ　だった」
　交通量の多い道路に突然子どもが飛び出し、
　　　　　　人身事故に　　★なる　　ところ　だった。
④ 「あわや」가 1 번째 빈칸에 들어간다 ⇒ 올바른 문장

⚠ 「あわや」 = 「もう少しで／危なかったけれど／あやうく」

📝 「台風による大雨で川が増水した。**あわや**洪水になるというところで、雨が止んでよかった」

64 정답 2

犯罪を繰り返す彼に　更正の　　余地は　　★ない　　という　判断がくだされた。
범죄를 반복하는 그에게 경정의 여지는 없다는 판단이 내려졌다.

문제 풀이 TIP

POINT ＜余地はない＞

① 「余地は」의 뒤는 「ない」가 어울린다
　⇒ 「余地は　ない」
② 「更生の」 뒤에 명사가 온다 ⇒ 다음 중 하나가 된다
　A 「更正の　余地は　ない」
　B 「更生の　判断がくだされた」

B는 의미가 통하지 않는다 ⇒ A가 어울린다
③「という」앞에 조사는 오지 않으므로「彼に　という」는 올바르지 않다
　⇒「更正の　余地は　ない　という　判断がくだされた」
　⇒ 올바른 문장

⚠️ 「~の/する 余地はない」=「~(할) 만한 여지는 없다/ ~(할) 가능성은 없다」

📝 「あの人が善意で行動していることに疑いの**余地はない**」
「あたりまえのことですから、議論の**余地はありません**」

65 정답　1

彼の　今後の努力　★いかんでは　大学進学の　可能性がない　ものでもない。
그의 앞으로의 노력 여하에 따라 대학 진학의 가능성이 없는 것도 아니다.

문제 풀이 TIP

POINT <ないものでもない> <いかんでは>
①「ものでもない」앞에「~ない」가 온다
　⇒「可能性がない　ものでもない」
②「大学進学の」뒤에 명사가 온다
　⇒「大学進学の　可能性がない　ものでもない」
　彼の_____　★_____　大学進学の　可能性がない　ものでもない。
③「いかんでは」앞에 명사가 온다
　⇒「今後の努力　いかんでは」가 1번째 빈칸, 2번째 빈칸에 들어간다 ⇒ 올바른 문장

⚠️ 「ないものでもない(없는 것도 아니다)」=「있다」「가능성은 적지만 있다」라는 의미를 나타낸다. 「있다」라고 분명히 얘기하지 않는 애매한 말투

제 14 회

66 정답　2

店員は最後の客の前で、　早く　帰れと　★言わん　ばかりに　テーブルの上を片づけ始めた。
점원은 마지막 손님 앞에서 빨리 돌아가라는 듯이 테이블 위를 치우기 시작했다.

문제 풀이 TIP

POINT <んばかりに>
①「言わん」뒤에「ばかりに」가 온다
　⇒「言わん　ばかりに」
②「言わん(言う)」앞에「~と」가 온다
　⇒「帰れと　言わん　ばかりに」
③「早く」의 뒤에 동사가 온다
　⇒「早く　帰れと　言わん　ばかりに」⇒ 올바른 문장

⚠️ 「~んばかりに」=①「~ように」 ②「~(し)そうに」
「~ん」=[동사 ない형+ん]

📝 ①「父は、その話は聞きたくないと言わん**ばかり**に横を向いた。」
②「強風で木が倒れんばかりに激しく揺れている」

67 정답　1

仕事が忙しくて、　ここ　★数週間　ろくに　寝ていない　状態が続いている。
일이 바빠서 요 몇 주간 제대로 자지 못하는 상태가 이어지고 있다.

문제 풀이 TIP

POINT <ここ+기간> <ろくに~ない>
①「ここ」뒤에 기간을 나타내는 말이 이어진다
　⇒「ここ　数週間」
②「ろくに」뒤에 [동사 ない형]이 온다
　⇒「ろくに　寝ていない」
③「状態」앞에 동사／い형용사 보통형, な형용사[~な], 명사[~の]가 온다
　⇒「ろくに　寝ていない　状態が……」
　_____　★_____　ろくに　寝ていない　状態が続いている。
④「ここ　数週間」가 1번째 빈칸, 2번째 빈칸에 들어간다 ⇒ 올바른 문장

⚠️ 「ろくに~ない」=「十分に／ちゃんと ~(し)ない」

📝 「結婚しても、**ろくに**家事をしない困った主婦が増えているという」

68 정답　3

年老いた母が田舎で　一人暮らしを　するのは　★さぞ　心細い　だろう。
나이 든 어머니가 시골에서 혼자 생활하는 것은 틀림없이 불안할 것이다.

> 문제 풀이 TIP

POINT ＜のは＞ ＜さぞ～だろう＞

① 「だろう(＝だ)」앞에 동사／형용사／명사 보통형이 온다
　⇒ 「心細い　だろう」
② 「する」앞에 「～を」가 온다
　⇒ 「一人暮らしを　する」
③ 「年老いた母が田舎で」의 뒤는 「一人暮らしをする」가 어울린다
　年老いた母が田舎で　一人暮らしを　　する　のは　★　　心細い　だろう。
④ 3 번째 빈칸에 「さぞ」가 들어간다 ⇒ 올바른 문장
⚠️ 「さぞ／さぞかし」＝「きっととても(～だろう)」
📝 「カナダの森の紅葉はさぞ美しいことだろう」
　「あなたが帰ってきたことを知ったら、彼はさぞかし喜ぶでしょう」

69 정답 4

彼女がその手紙を　読み終える　★が早いか　破り捨てた　のを　見て、私はそれが悪い知らせだと思った。
그녀가 그 편지를 다 읽자마자 찢어버리는 것을 보고 나는 그것이 나쁜 소식이라고 생각했다.

> 문제 풀이 TIP

POINT ＜が早いか＞

① 「が早いか」앞에 동사 사전형이 온다
　⇒ 「読み終える　が早いか」
② 「読み終える」앞에 「～を」가 온다
　⇒ 「手紙を　読み終える　が早いか」
③ 「～が早いか」뒤에 동작(동사)가 온다
　⇒ 「手紙を　読み終える　が早いか　破り捨てた」
④ 「見て」앞에 「～を」가 온다
　⇒ 「のを　見て」
　⇒ 「(その手紙を)　読み終える　が早いか　破り捨てた　のを　(見て)」＝ 올바른 문장
⚠️ 「Aが早いか」＝「A한 뒤 바로」

70 정답 2

市長のもとには　1日に　★100通　からの　メールが　届くそうだ。 시장 앞으로 하루에 100 통 이상의 많은 메일이 온다고 한다.

> 문제 풀이 TIP

POINT ＜수량＋からの＞

① 「届く」앞에 「～が」가 온다
　⇒ 「メールが　届く」
② 「からの」앞에 수나 양을 나타내는 말이 온다
　⇒ 「100通　からの」
③ 「100通　からの」 뒤에 명사가 온다. 「～通」는 메일의 수를 나타내므로, 의미적으로도 「メール」가 어울린다
　⇒ 「100通　からの　メールが　届く」
　　　　★100通　からの　メールが　届くそうだ。
④ 1 번째 빈칸에는 「1日に」가 들어간다 ⇒ 올바른 문장
⚠️ ◇「(100通)からの」＝「(100通)以上の」 (「많다」는 의미를 포함한다)
◇「～通」는 편지, 엽서, 메일, 서류 등을 세는 말

제 15 회

71 정답 4

これから友人を駅まで　送り　がてら　★買い物を　してこよう　と思います。
지금부터 친구를 역까지 데려다 줄 겸 쇼핑을 하고 오려고 합니다.

> 문제 풀이 TIP

POINT ＜がてら＞ ＜(よ)うと思う＞

① 「がてら」앞에 동사 ます형, 명사가 온다
　⇒ 「送り　がてら」
② 「してこよう」(「する＋てくる」의 의지형) 앞에 「～を」가 온다
　⇒ 「買い物を　してこよう」
③ 「がてら」 뒤에 동작(동사)가 온다
　⇒ 「送り　がてら　買い物を　してこよう」
④ 「と思う」의 앞은 「～(よ)う」(동사 의지형) 가 어울린다
　⇒ 「(友人を駅まで)　送り　がてら　買い物を　してこよう」⇒ 올바른 문장
⚠️ 「AがてらB」＝「A로로 하는 기회에 함께 B도 하다」

72 정답 1

新人ですので、 慣れぬ　　ことととて　　★
ご迷惑をかける　　かもしれませんが、どう
ぞよろしくお願いいたします。 신입이라서 익숙하지 않아서 폐를 끼칠지도 모르겠지만, 잘 부탁드립니다.

문제 풀이 TIP

POINT ＜ こととて ＞

① 「こととて」 앞에, 동사 ない형, [동사 ない형+ぬ], 명사 [～の] 가 온다
　⇒ 「慣れぬ　こととて」

② 「こととて」 앞에 이유, 뒤에 결과가 온다
　⇒ 「慣れぬ　こととて　ご迷惑をかける」

③ 「かもしれない」 앞에 동사／형용사／명사・형용사 가 온다
　⇒ 「ご迷惑をかける　かもしれません」
　⇒ 「慣れぬ　こととて　ご迷惑をかける　かもしれません」 ⇒ 올바른 문장

⚠ ◇ 「慣れぬ」 = 「慣れない」 동사의 「～ぬ」의 형태는 「～ない」의 옛 형태로, 정중한 표현에 쓰인다
　◇ 「慣れぬこととて」 = 「慣れないので」

73 정답 1

おまえの　ごとき　　★初心者に　　負ける　　ような　私ではない。必ず勝つ。
너 같은 초보자에게 질 만한 내가 아니다. 반드시 이긴다.

문제 풀이 TIP

POINT ＜ ごとき ＞

① 「ごとき」 앞에 명사 [～] 또는 명사 [～の] 가 온다
　⇒ 「おまえの　ごとき」

② 「～ごとき」 뒤에 명사가 온다
　⇒ 「おまえの　ごとき　初心者に」

③ 「負ける」 앞에 「～に」 가 온다
　⇒ 「初心者に　負ける」
　　おまえの　ごとき　★初心者に　負ける　　　私ではない。

④ 4번째 빈칸에 「ような」 가 들어간다 ⇒ 올바른 문장

⚠ ◇ 「おまえのごとき初心者」 = 「初心者のおまえ」
　◇ 「初心者に負けるような私ではない」 = 「初心者に負けるような弱い私ではない」

74 정답 4

町長　たる者　　町民が　　★豊かで　安全な　生活が送れるように配慮しなければならない。 마을회장인 자는 마을사람이 풍족하고 안전한 생활을 보낼 수 있도록 배려해야만 한다.

문제문의 의미 「町長という立場なのだから、人々が豊かで安全な生活ができるように心を配らなければならない」

문제 풀이 TIP

POINT ＜ たる ＞

① 「たる」 앞에 입장을 나타내는 명사가 온다
　⇒ 「町長　たる者」
　町長　たる者　　　　　★　　　　　
　生活が送れるように配慮しなければならない。

② 「生活が送れる」 앞에, A 「安全な」 또는 B 「豊かで」 가 온다 ⇒ 3개의 빈칸은 다음 중 하나가 된다
　A 「安全な　生活が送れるように」
　⇒ A-1 「町長　たる者　豊かで　町民が　安全な　生活が送れるように」
　　A-2 「町長　たる者　町民が　豊かで　安全な　生活が送れるように」
　B 「豊かで　生活が送れるように」
　⇒ B-1 「町長　たる者　町民が　安全な　豊かで　生活が送れるように」
　　B-2 「町長　たる者　安全な　町民が　豊かで　生活が送れるように」

밑줄 부분은 적당하지 않다 ⇒ A-2 가 어울린다

⚠ 「Aたる」 = 「A라는 입장에 있는」

75 정답 4

一国の　首相　　ともなれば　　★休み　なしで　働くことになるだろう。
한 국가의 수상 정도 되면 휴일 없이 일해야 할 것이다.

문제문의 의미 「一つの国の首相という立場になったら、休みをとらないで働くことになるだろう」

문제 풀이 TIP

POINT ＜ ともなれば ＞ ＜ なしで ＞

① 「一国の」 뒤에 명사가 온다 ⇒ 다음 중 하나가 된다
　A 「一国の　首相」　　B 「一国の　休み」

② 「ともなれば」앞에 명사가 온다 ⇒ 다음 중 하나가 된다 ⇒ 2번째 빈칸은 「ともなれば」가 들어간다
　A「一国の　首相　ともなれば」
　B「一国の　休み　ともなれば」
③ 「働く」앞에 명사는 오지 않는다
　⇒ 「なしで　働く」
　A：一国の　首相　　ともなれば　　★　
　　　なしで　働くことになるだろう。
　B：一国の　休み　　ともなれば　　★　
　　　なしで　働くことになるだろう。
④ 「なしで」앞에 명사가 온다
　A「休み　なしで」
　B「首相　なしで」
　A：「(一国の)　首相　ともなれば　休み　なしで
　　　(働くことになるだろう。)」
　B：「(一国の)　休み　ともなれば　首相　なしで
　　　(働くことになるだろう。)」
　B는 밑줄의 의미가 통하지 않는다 ⇒ A는 올바른 문장

⚠ ◇「AともなればB」=「A라는 입장이 되면, B해야 한다」
　◇「Aなしで」=「A가 없는 상황에서」

📝「このビルは地下道につながっているので、雨が降ってもかさ**なしで**駅まで行ける」

글의 문법

제 1 회

정답   **1** 3   **2** 3   **3** 2   **4** 4   **5** 3

해설
문장의 뜻

　さまざまな企業で働く営業社員の中でも群をぬいて好成績をあげる社員はトップセールスマンなどと呼ばれている。顧客への対応が成績を左右する仕事に携わる彼らの　**1 ことだから**、さぞ話が上手だろうとだれもが思うにちがいない。ところが、意外なことに、優れたセールスマンは　**2a 話し上手**　よりも　**2b 聞き上手**　な人が多いそうだ。

　彼らは顧客のもとへ何度も足を運び、話をよく聞く。その際に決してしゃべりすぎず、うなずき、あいづちを打つ。すると顧客は相手から同意や共感を得られたことで気持ちがよくなり、さらに多くの話をするようになる。その結果、初めは多少の警戒心をもっていた顧客からも信頼されるようになり、セールスマンは驚く　**3 ほど**　多くの情報を顧客から得ることができる。このようにして相手の警戒心を解き、好意はもちろん信頼感さえ抱かせる。そうなれば、商品のセールスは半ば　**4 成功したようなものだ**　。

　人は自分に対して関心を持つ相手に好意を持つものである。だから、顧客に会うときは、まず相手の名前を覚える、それから相手の目を見て相手の話に熱心に耳を傾けること。これが顧客の好意と信頼を得る近道である。つまり、**5 聞き上手になること**　こそセールス成功への秘訣だと言えるだろう。

　여러 기업에서 일하는 영업사원 중에서도 발군의 성적을 올리는 사원은 톱 세일즈맨 등으로 불리고 있다. 고객에 대한 대응이 성적을 좌우하는 일에 종사하는 그들이므로, 틀림없이 말을 잘 할 것이라고 누구든 생각할 것이다. 그러나 의외로 우수한 세일즈맨은 말을 잘하는 것보다도 잘 들어주는 사람이 많다고 한다.

　그들은 고객이 있는 곳에 몇 번이고 찾아가 이야기를 잘 듣는다. 그러면서 결코 많이 말하지 않고, 고개를 끄덕이고 맞장구를 친다. 그러면 고객은 상대방에게 동의나 공감을 얻었다는 것에 기분이 좋아져서 더욱 많은 이야기를 하게 된다. 그 결과 처음에는 다소 경계심을 갖고 있던 고객에게도 신뢰받게 되며, 세일즈맨은 놀랄 정도로 많은 정보를 고객에게서 얻을 수가 있다. 이런 식으로 상대의 경계심을 풀고, 호의는 물론 신뢰감까지 안겨 준다. 그렇게 되면 상품의 세일즈는 절반 정도 성공한 것이다.

　사람은 자신에 대해 관심을 갖는 상대에게 호의를 갖기 마련이다. 그러므로 고객을 만날 때는 우선 상대의 이름을 기억하고 그 후에 상대의 눈을 보고 상대의 이야기에 열심히 귀를 기울이는 것. 이것이 고객의 호의와 신뢰를 얻는 지름길이다. 즉, 얘기를 잘 들어주는 것이야말로 세일즈 성공 비결이라고 말할 수 있을 것이다.

1 「顧客……彼らの<u>ことだから</u>、さぞ話が上手だろう」＝「客にうまく対応できるかどうかで成績が決まるセールスマンだから、きっと話がとても上手だろう」

◆「〜（人）のことだから」＝「〜（人）はいつも〜だから ~(사람)은 늘 ~이므로」

📝 「まじめな彼女の<u>ことだから</u>、約束は破らないはずだ」

2 A「……話が上手だろう」「<u>ところが、意外なことに</u>、B」：B에는 A와 반대되는 것이 온다⇒「話し上手であるより、聞き上手」

3 「驚く<u>ほど</u>多くの情報」＝「<u>非常に</u>たくさんの」

◆「〜ほど」＝「非常に 매우」「〜」은 정도가 높은 것을 나타내는 예.

📝 「君は、死ぬ<u>ほど</u>辛い経験をしたことがありますか」
「合格通知をもらって、泣きたい<u>ほど</u>うれしかった」

4 「そうなれば、商品のセールスは<u>半ば成功したようなものだ</u>」＝「顧客の好意と信頼を得れば、商品のセールスは<u>成功に近づいている</u>」「半ば」는「정확히 반」이 아닌,「반 이상」이라는 뜻.

◆「～(し)たようなものだ」=「(まだしていないが) ～(し)たのに近い ～(아직 하지 않았지만)~(한)것에 가깝다」
📝「資料は集めてある。君が書いてくれた報告書も使えるし、レポートはもう書き上がっ**たようなものだ**」

5「つまり、(　　)こそ、成功への秘訣だ……」: 「つまり」의 뒤에 성공의 비결이 무엇인가 하는 결론을 말한다. 이 문장의 포인트(＝聞き上手であること)가 빈칸에 들어간다.

제 2 회

정답　**1** 2　　**2** 2　　**3** 4　　**4** 3　　**5** 3

해설

문장의 뜻

> もし家計にゆとりがあれば、その分を何に使うべきか。人によって、さまざまな考え方があると思いますが、私は迷いなく「教育」と答えます。自分の子どもに惜しみなく「投資」をするべきだと思うからです。
> 　子どもの将来のため **1 とあれば**、どんなものでも惜しまず与える。子どもが何かを学びたい、これこれの学校へ行きたいと言ったならば、たとえかなりの高額でもその学費を出してやる。それがどのような実を結ぶかはわかりませんが、子どもへの投資だと考えれば、自分自身も **2 納得できるはずです**。子どもにしても、親が自分を信じて投資してくれたのだと **3 思えばこそ**、その期待にそえるよう、辛いことがあってもがんばるでしょう。精一杯努力して、できる限りの結果を出そうとするに違いありません。獲得した知識や技術は、将来役に立たないはずはありません。また、親が自分の教育に力を尽くしてくれたということは、子どもにとって **4 何ものにも代え難い** 心の支えになるはずです。お金は働けばまたいつか取り戻せます。けれども、子どもの教育は、後からやり直すことができません。あの時にもっと出資を **5 してやればよかった** と後から後悔しても、もう遅すぎるのです。
>
> 혹시 가계에 여유가 있다면 그만큼을 어디에 써야 하는가? 사람에 따라 여러 가지 생각이 있을 것이라고 생각하지만, 저는 망설임 없이 「교육」이라고 대답합니다. 자신의 아이에게 아낌없이 「투자」해야 한다는 생각하기 때문입니다.
> 　아이의 장래를 위해서라면, 어떠한 것이라도 아낌없이 준다. 아이가 무엇인가를 배우고 싶다, 이런 학교에 가고 싶다고 말한다면, 설령 굉장히 고액이라도 그 학비를 내 준다. 그것이 어떠한 열매를 맺을지는 모르지만, 아이에 대한 투자라고 생각한다면 자기 자신도 이해할 수 있을 것입니다. 아이에게도 부모가 자신을 믿고 투자해 줬다고 생각하니까 그 기대에 부응하기 위해 괴로운 일이 있어도 힘낼 것입니다. 열심히 노력해서 가능한 한 결과를 내려고 할 임이 틀림없습니다. 획득한 지식이나 기술은 미래에 도움이 되지 않을 리 없습니다. 또, 부모가 자신의 교육에 힘을 쏟아주었다는 것은, 아이에게 있어 무엇과도 바꿀 수 없는 마음의 지주가 될 것입니다. 돈은 일하면 또 언젠가 얻을 수 있습니다. 하지만, 아이의 교육은 나중에 다시 할 수 없습니다. 그때 좀더 투자를 하면 좋았을 걸 하고 나중에 후회해도 이미 늦은 것입니다.

💡

1「子どもの将来の**ためとあれば**」＝子どもの将来のためなら
　◆「～とあれば」＝「～なら(どんなことでもする) ～라면(어떤 일이 있어도)」
　📝「親友の**ためとあれば**、できるだけのことはしよう」
　　「会社の命令**とあれば**、やらないわけにはいかない」

2「投資だと考えれば、自分自身も**納得できるはずです**」＝「投資だと考えれば、親自身もこれでいいと思えるにちがいない」
　◆「納得できる」＝이걸로 좋다고 인정하다

3「自分を信じて投資してくれたのだと**思えばこそ**」＝「自分を信じて投資してくれたのだと思うからこそ、ますます」
　◆「～ばこそ」＝「～からこそ ～이기 때문이야 말로」이유를 강조한다.

- 📝「君の将来を思えばこそ、うるさい説教をするんだよ」
  「私ががんばって働けるのは、家族の協力があればこそです」

4　「何ものにも代え難い心の支えになる」＝貴重な、特別な心の支えになる
- ◆「何ものにも代え難い」＝「他のもので代えることができない／貴重な 다른 것으로 바꿀 수 없는 / 귀중한」
- 📝「失敗は必ずしも悪いことではない。失敗が何ものにも代え難い教訓になることもある」
  실패는 반드시 나쁘지만은 않다. 실패가 무엇과도 바꿀 수 없는 교훈이 되는 경우도 있다

5　「(　　)と後から後悔しても」：(　　)에는 후회의 말이 들어간다.
- ◆「〜ばよかった」＝「〜しなかったのはよくなかった 〜하지 않은 것은 좋지 않았다」
- 📝「学生時代にもっと勉強すればよかった」
  「準備不足だったのが残念だ。ちゃんと準備をしておけばよかった」
- ◆「〜と後悔しても」: 이「と」는 뒤의 동사(「後悔する」)의 내용 (무엇을 어떻게 후회하는가)를 나타내는 인용의 문장(「もっと出資をしてやればよかった」)의 제일 뒤에 붙는다.
- 📝 ①「準備不足を後悔した」
  ②「十分に準備しなかったことを後悔した」
  ③「なぜもっとちゃんと準備しなかったのだろうと後悔した」（인용문＋と）

제 3 회

정답　**1** 3　**2** 4　**3** 2　**4** 1　**5** 3

[해설]

[문장의 뜻]

「ワークシェアリング」という言葉をご存じだろうか。これは仕事の分かち合いを意味する英語で、一人当たりの労働時間を減らして、多くの人の雇用を **1 生み出そう** とすることである。

例えば、ある企業が一日8時間の労働時間を、希望に応じて4時間に短縮できる制度を導入したとする。こうすれば、従業員は育児などの時間を増やすために短時間勤務を選ぶことができ、企業は、子育てが一段落した女性や高齢者などをパートタイムで雇い入れる余裕が生まれる。こうした企業が増えれば、今まで拘束時間の長さ **2 ゆえに** 働きたくても働けなかった女性や高齢者の社会進出にもつながる。

3 しかしながら、日本にこの制度を定着させるためには、まだまだ解決しなければならない問題が多い。例えばサービス残業が当然のように行われている会社が多く、時間当たりの残業の賃金が明確に定められていないことがある。また、パートタイム社員の待遇が改善されないかぎり、この制度を導入しても **4 パートタイムを希望する人が増えない** おそれもある。

世界的な不況の中で雇用不安が高まっている今、新たな雇用を生み出すための選択肢として、「ワークシェアリング」にはいっそうの **5 検討が行われるべき** であろう。

「워크 셰링」이라는 말을 아십니까? 이것은 일을 분담한다는 의미의 영어로, 한 사람당 노동시간을 줄여서 많은 사람의 고용을 만들어내려는 것이다.

예를 들면, 어떤 기업이 하루 8시간의 노동시간을 희망에 따라 4시간으로 단축 가능한 제도를 도입했다고 하자. 이렇게 하면, 종업원은 육아 등의 시간을 늘리기 위해 단기간 근무를 선택할 수 있고, 기업은 육아가 끝난 여성이나 고령자 등을 파트타임으로 새로 고용할 여유가 생긴다. 이러한 기업이 늘어나면, 지금까지 구속 시간이 길어서 일하고 싶어도 일할 수 없었던 여성이나 고령자의 사회진출과도 이어진다.

하지만, 일본에 이 제도를 정착시키기 위해서는 아직도 해결해야 할 문제가 많다. 예를 들면 서비스 잔업이 당연한 듯이 행해지고 있는 회사가 많고, 시간 외의 잔업의 임금이 명확하게 정해져 있지 않은 곳이 있다. 또, 파트타임 사원에 대한 대우가 개선되지 않는 한, 이 제도를 도입해도 파트타임을 희망하는 사람이 늘지 않을 우려도 있다.

세계적인 불황 속에서 고용 불안이 높아지고 있는 지금, 새로운 고용을 창출하기 위한 선택지로서, 「워크 셰링」에는 더욱 검토가 행해져야 할 것이다.

💡

1. ◆「～う(의지형)＋とする」＝「～하는 것을 시작하다」
   📝「船を港を**出ようとした**とき、突然嵐が来た」

2. 「拘束時間の長さ**ゆえに**、働きたくても働けなかった」＝「拘束時間が長い**ので**、働けなかった」
   ◆「～ゆえに」＝「～から ～니까(이유)」
   📝「貧しさ**ゆえに**学校に行けない子どもが世界にはたくさんいる」

3. 「まだまだ解決しなければならない問題が多い」：この文の前の部分で言っていること(A)は、ワークシェアリングのよい点。この文で言っていること(B)はよくないこと
   ⇒A와 B 사이에 있는 공백에 들어가는 말은「しかし (하지만)」의 의미를 갖는 말.
   ◆「しかしながら」＝「しかし 하지만」(「しかし」보다 강한 말투)
   📝「彼は一生働き続けた。**しかしながら**、死ぬまで貧しいままであった」

4. 「パートタイム社員の待遇が改善され**ないかぎり**」＝「パートタイム社員の待遇が改善されないと」
   ◆「～ないかぎり」＝「～ないと」「～なければ ～않으면」
   📝「練習し**ないかぎり**、上手にはなりません」

5. 「新たな雇用を生み出すための選択肢として、『ワークシェアリング』にはいっそうの**検討が行われるべきであろう**」＝「新しい雇用を作るための１つの試みとして、ワークシェアリングの制度をもっと検討しなければならないだろう」

제 4 회

정답 1 4   2 3   3 4   4 1   5 2

해설
문장의 뜻

　　最近「イケメン」という言葉をよく耳 1 **にする** 。特に若い人を中心にこの言葉を使う人が多いようだ。これは 2 **すなわち** 、容姿、特に顔が魅力的な男性を指す言葉で、少し前なら「男前」「二枚目(おとこまえ)」「ハンサム」などを使っていた。それらが今は「イケメン」に 3 **取って代わられようとしている** 。
　　では、「ハンサム」と「イケメン」、この２つの言葉はどう違うのだろうか。何人かの若者に聞いてみたところ、「若い男性ならイケメン、中年以上ならハンサム」「たくましい感じの人はハンサム、中性的な印象の人はイケメン」など使い分けは人によって様々だ。違いについての明確な基準はなく、その人 4 **なりの** 解釈で使い分けているようだ。 5 **それにしても** 、容姿の優れた男性を指す語彙がこれほど生まれている一方で、魅力的な美しい女性については、意外に言葉が少なく、新しい語が生まれていないのはなぜなのだろう。

　　최근「꽃미남(イケメン)」이라는 말을 자주 듣는다. 특히 젊은 사람을 중심으로 이 말을 쓰는 사람이 많은 것 같다. 이것은 즉, 용모, 특히 얼굴이 매력적인 남성을 가리키는 말로, 조금 전이라면(예전이라면)「男前」「二枚目」「ハンサム」등을 쓰고 있다. 그것들이 지금은「イケメン」으로 대신하려고 하고 있다.
　　그러면,「ハンサム」와「イケメン」, 이 두 개의 말은 어떻게 다른 것일까? 몇 명의 젊은이들에게 물어본 결과,「젊은 남자라면 イケメン, 중년 이상이라면 ハンサム」「용감한 느낌의 사람은 ハンサム, 중성적인 인상의 사람은 イケメン」등 구분법은 사람에 따라 가지가지다. 차이에 대해 명확한 기준은 없고, 그 사람 나름의 해석으로 구분해서 쓰는 것 같다. 그건 그렇고, 용모의 뛰어난 남성을 가리키는 어휘가 이렇게 생겨나고 있는 반면, 매력적이고 아름다운 여성에 대해서는 의외로 단어가 적고, 새로운 말이 생겨나지 않는 것은 왜일까?

1 「言葉をよく**耳にする**」＝「言葉をよく<u>聞く</u>」
   ◆「耳にする」＝「聞く／聞こえる 듣다/들리다」
   🖉「最近よく**耳にする**あのメロディーは何の歌だろう」
   ＊「目にする」＝「見る／見える 보다/보이다」

2 「これは**すなわち**、……言葉で」：「これ」＝「イケメン」
   이 문장은「イケメン」이라는 말의 의미를 설명하고 있다. 다른 말로 바꿔서 설명할 때에「すなわち」를 쓴다.
   🖉「このレポートは、文化を、<u>言語**すなわち**人間のコミュニケーション手段</u>から論じている」
   이 리포트는 문화를 언어 즉 인간의 커뮤니케이션수단에서부터 논하고 있다

3 새로운 말「イケメン」이 오래된 말,「ハンサム」나「二枚目」을 대치하려고(<u>取って代わろう</u>)하고 있다
   ＝「ハンサム」나「二枚目」이「イケメン」으로 대치되려고 하고 있다(**取って代わられようとしている**。)
   ◆「取って代わる」＝「어떤 위치를 차지하고 있는 것을 대신해 (다른 것이) 그 위치를 차지하다」
   🖉「パソコンが紙とペンに**取って代わった**」＝「紙とペンはパソコンに**取って代わられた**」
   ◆「〜(의지형)＋とする／している」＝「これから〜(し)始める 앞으로 〜(하기) 시작하다」
   🖉「ハイブリッドカーや電気自動車が作られるようになった。自動車は今大きく変わろう**としている**」

4 「明確な基準はなく、<u>その人**なり**の解釈で</u>」＝<u>その人その人の自分の基準で考えて</u>(말의 사용 분류 기준은)
   확실히 정해져 있지 않다.
   ◆「〜なり」＝「(完全ではないが)〜に合ったやり方 (완전하지는 않지만) 〜에 맞는 방식으로」
   🖉「小さい子に悩みなんてないだろうと思うかもしれないけれど、子どもは子ども**なり**に悩みを持っているのです」
   「いいかどうかわかりませんが、私**なり**の考えでこの企画を作ってみました」

5 ◆「それにしても」＝「それは認めるが、しかし 그것은 인정하지만, 그러나」
   🖉「東京は日本の首都だから、人も物も全国から集まってくるのは当然です。**それにしても**、今の東京には、あれもこれも集中しすぎていると思いませんか」

제 5 회

정답 **1** 4 **2** 2 **3** 3 **4** 3 **5** 4

[해설]
[문장의 뜻]

> 日本人によく知られている花粉症はスギ花粉症です。スギの木が花粉を飛ばすのは、2月から4月の3か月程度ですが、最近、スギ花粉の時期だけに ┃1 **とどまらず**┃、ほかの時期にも症状を訴える患者さんが増えています。このような患者さんはスギだけでなく、他の植物に対するアレルギーも合わせて発症していると考えられます。この複数の花粉に反応する花粉症を「多重花粉症」┃2 **といい**┃、その患者数は年々増加しているようです。多重花粉症が増加している原因として、花粉症になっても治療せずに放置していることが指摘されています。
> アレルギーとは、あるものに対して過剰な反応をする状態です。花粉症を発症し、粘膜が非常に ┃3a **敏感**┃ になった状態が続くと、アレルギー原因物質の影響をより ┃3b **強く**┃ 受けることになります。 ┃4 **そうすると**┃ 、もともとの花粉症がただ悪化するだけでなく、他のアレルギーにもかかりやすくなるのです。
> 花粉症は予防することもできます。なるべく花粉に触れないようにすることが大切で、マスクやメガネも有効です。また、日ごろからしっかり栄養をとり、睡眠など生活習慣にも気を配って、体に抵抗力をつけておく ┃5 **よう心がけましょう**┃ 。
>
> 일본인에게 잘 알려진 화분증(꽃가루 알레르기)은 삼나무 화분증입니다. 삼나무가 꽃가루를 날리는 것은 2월에서 4월까지 3개월 정도입니다만, 최근 삼나무 화분증의 시기뿐만 아니라 다른 시기에도 증상을 호소하는 환자가 늘고 있습니다. 이러한 환자는 삼나무뿐만 아니라, 다른 식물에 대한 알레르기도 같이 발병하고 있다고 생각됩니다. 이 복수의 꽃가루에 대응하는 화분증을 '다중화분증'이라고 하며, 그 환자 수는 매년 증가하고 있는 듯합니다. 다중화분증이 증가하고 있는 원인으로서 화분증이 되어도 치료하지 않고 방치하고 있는 것이 지적되고 있습니다.
> 알레르기는 어떤 것에 대해서 과잉 반응을 하는 상태입니다. 화분증이 발병하고 점막이 지극히 민감해진 상태가 계속되면, 알레르기 원인 물질의 영향을 보다 강하게 받게 됩니다. 그 결과, 원래의 화분증이 단지 악화되는 것만이 아니라, 다른 알레르기에도 걸리기 쉬워지는 것입니다.
> 화분증은 예방하는 것도 가능합니다. 되도록 꽃가루에 닿지 않도록 하는 것이 중요하고, 마스크나 안경도 좋습니다. 또, 눈 주변에 충분히 영양을 주고, 수면 등 생활습관에도 신경을 써서 몸에 저항력을 키워두도록 노력합시다.

1 「スギ花粉の時期**だけにとどまらず**、ほかの時期にも」＝「スギ花粉の時期**だけでなく**、ほかの時期にも」
◆「〜(だけ)にとどまらず」＝「(〜だけ)でなく、もっと広い範囲に 〜(뿐) 아니라, 더 넓은 범위에」
「インフルエンザは人**にとどまらず**、動物にも感染する恐れがある」
「今度のスキャンダルは国会議員だけ**にとどまらず**、政界全体に影響を与えている」
이번 스캔들은 국회의원에서 멈추지 않고, 정계전체에 영향을 주고 있다.

2 「多重花粉症」는 알레르기 증상의 이름
◆「AをBという」＝「AはBと呼ばれる／Aの名前はBだ A는 B라고 불린다 / A의 이름은 B다」

3 「アレルギーとは、あるものに対して過剰な反応をする状態です」:「過剰な反応をする」는 敏感 (민감) 해져 있으므로.
「もともとの花粉症がただ悪化するだけでなく、他のアレルギーにもかかりやすくなるのです」: 알레르기의 원인 물질의 영향이 강해(強く)진다.

4 「悪化する」「他のアレルギーにもかかりやすくなる」:「～化する」「～なる」는 변화를 나타낸다.
- ◆「そうすると」＝「その結果ユ 결과」(일반적인 변화의 결과)
- 🖉「熱があって辛いときは、この薬を2錠飲んでください。そうすると、すぐに熱が下がって楽になります」

5 「日ごろから～ておく」: 알레르기가 되지 않는 예방법, 미리 주의 할 것을 제시하고 있다.
- ◆「～よう心がける」＝「～する努力をする～할 노력을 하다」
- 🖉「私は毎日なるべく歩くよう心がけています」

제6회

정답 1 4   2 3   3 3   4 1   5 1

해설

문장의 뜻

　「二足のわらじをはく」とは、「1人の人が異なる2つの種類の仕事を同時にする」という意味である。この「二足のわらじ」が注目を浴びた 1 のは 、日本人映画俳優のSさんが選挙に立候補して、「国会議員を務めると同時に、俳優として映画にも出演する」と宣言したときである。

　選挙の結果、彼は見事に当選を果たした。しかし、俳優としていかに輝かしい活躍をしてきたSさん 2 であろうと 、議員として十分な活動が果たせるかどうか、これを危ぶむ声が後を絶たなかった。「二足のわらじは到底無理」という声や、Sさんに対して「政治の専門家ではない」「政治を甘く見ている」という厳しい意見も聞かれた。しかし彼は、「欧米では異なる仕事に就きながら政治家として立派に活動している人もいる」と反論していた。

　「二足のわらじ」は果たして成功するのかと日本中が注目した。 3 ところが 就任してわずか1か月後、Sさんはあっさりと映画俳優としての引退を発表した。「政治の仕事に専念したい」というのである。当然ながらマスコミは「やはり二足のわらじは無理だった」、「約束を守らなかった」などと批判をした。

　日本人は政治家という仕事に高い専門性を求めている。Sさんの場合、俳優としての活躍ぶりがめざましかっただけに、 4a 政治家 が俳優業も行うというよりは、 4b 政治家 としての職が副業であるかのように見えてしまったのかもしれない。

　実際に「二足のわらじ」は不可能だったのだろうか。それを試す機会が失われてしまったことは、我々にとっては残念 5 としか言いようがない 。

　「二足のわらじをはく」는 「한 사람이 다른 두 가지 종류의 일을 동시에 한다」라는 의미이다. 이 「二足のわらじ」가 주목을 받은 것은, 일본인 영화배우 S 씨가 「선거에 입후보해서 국회의원을 역임함과 동시에 배우로서 영화에도 출연한다」고 선언한 시기이다.

　선거 결과, 그는 보기 좋게 당선했다. 그러나 배우로서 굉장히 눈부신 활약을 하고 있던 S 씨라고 해도, 의원으로서 충분한 활동을 할 수 있을지 어떨지 이를 우려하는 목소리가 끊이지 않았다. 「두 가지 일을 하는 것은 도저히 무리」라는 소리나, S 씨의 대해서 「정치 전문가가 아니다」, 「정치를 가볍게 보고 있다」라는 혹독한 의견도 들렸다. 그러나 그는, 「구미에서는 다른 일에 종사하면서 정치가로서 훌륭하게 활동하고 있는 사람도 있다」고 반론했다.

　「二足のわらじ」는 과연 성공할 것인가 하고 온 일본이 주목했다. 하지만 취임하고 불과 한 달 후, S 씨는 깨끗이 영화배우로서 은퇴를 발표했다. 「정치 일에 전념하고 싶다」라는 것이다. 당연하지만 매스컴은 「역시 두 가지 일을 하는 것은 무리였다」, 「약속을 지키지 않았다」 등 비판을 했다.

　일본인은 정치가라는 일에 높은 전문성을 요구한다. S 씨의 경우, 배우로서의 활약세가 눈부셨다는 것으로, 정치가가 배우일도 한다기보다는 정치가로서의 직업이 부업으로 비춰져 버렸을지도 모른다.

　실제로 「二足のわらじ」는 불가능했던 것일까? 그것을 시험할 기회를 잃어버린 것은 우리로서는 유감스러울 뿐이다.

1 「この『二足のわらじ』が注目を浴びたのは、……と宣言したときである」: 이 문장은「……である」라는 문장이므로,「~は……である」라는 구문을 추측할 수 있다.「~」= 명사, 또는 [문장＋の], 「この『二足のわらじ』が注目を浴びた」는 문장이므로「の」를 추가한다.
　⇒「この『二足のわらじ』が注目を受けた(문장)＋の＋は、……である」
　◆「~のは~だ」
　📝「私が行ってみたいのは、インドだ」＝「私が行ってみたい国は、インドだ」

2 「俳優としていかに輝かしい活躍をしてきたSさんであろうと」＝「俳優としてどんなにすばらしい活躍をしてきたSさんであっても」＝「Sさんは俳優として素晴らしい活躍をしてきたが、そのSさんでも」
　◆「いかに~であろうと」＝「どんなに~でも 아무리 ~라도」
　📝「彼女がいかに優秀であろうと、アメリカの一流大学を首席で卒業するのは難しいだろう」
　＊「い형용사」는「~かろうと」가 된다.
　📝「練習がいかに辛かろうと、決して怠けるな」

3 A「Sさんが2つの仕事を立派に行うことができるか、日本中が注目した」B「Sさんはすぐに映画俳優としての引退を発表した」: B는, A에서는 예상하지 않았던 것, 의외인 것⇒「A。ところが、B」
　◆「A。ところがB」＝「A。しかし／それなのに、B A. 하지만／그렇지만, B」
　📝「彼女の家に行く前にプレゼントを買った。ところがそれを電車の中に置き忘れてしまった」

4 「政治家が俳優の仕事もする」: 정치가가「주된 것」이고, 배우가「부수적인 것」
　⇒ 이렇다면 괜찮다고 국민은 생각한다.
　「その反対」: 정치가가「부수적인 것」(배우로서의 활약이 두드러졌으므로)
　⇒ 이것은 국민들에게 인정받지 못한다.

5 「……失われてしまったことは、我々にとっては残念としか言いようがない」＝「……失われてしまったことは実に残念だ」
　◆「~としか言いようがない」＝「実に／本当に~だ 실제로／정말 ~다」(강조하는 말투)
　📝「そんなことがわからないなんて、馬鹿としか言いようがない」
　2 「~かぎりである」의「~」에는 い형용사 [~い]가 들어간다.「とても~(だ) 매우 ~(다)」라는 의미.
　㉠「1週間も休みが取れるなんてうれしい限りだ」
　3 「~の至り」의 용법은 적다.
　㉠「賞をいただいて光栄の至りです」상을 받게 되어 더 없는 영광입니다
　　「若気の至りで失敗することもある」젊은 혈기에 실수하는 경우도 있다
　4 「~を禁じえない」＝「~を抑えることができない ~을 억누를 수 없다」
　　「~」에는 감정을 나타내는 명사가 들어가고,「残念」(な형용사)는 들어가지 않는다.
　㉠「怒りを禁じえない」「驚きを禁じえない」「同情を禁じえない」

제7회

정답 **1** 4 **2** 1 **3** 4 **4** 2 **5** 3

해설
문장의 뜻

　「ジェネリック医薬品（後発医薬品）」という言葉を耳にするようになって久しい。最近はテレビでもＣＭが流れるようになった。 1 とはいっても ジェネリック医薬品はまだそれほど普及はしてないのが実情である。では、なぜ日本では普及が遅れているのか。その大きな理由の一つが情報量の少なさであろう。例えば、持病で10年間同じ薬を飲み続けてきた患者が、突然医師に「中身は同じで値段が半分のジェネリックがあるが…」とすすめられた場合、この患者は迷わずジェネリックを選ぶだろうか。答えは「ノー」だ。中身が同じ、値段が安いというだけでは 2 とうてい納得できない 。10年間親しんだ従来の薬のように自分の体に合っているのか確証を持つことができないからだ。事実、ジェネリック医薬品は先発医薬品の全く同じコピー商品なのかというと 3 そうではない 。同じなのは主成分だけである。飲み薬の場合を例にとると、錠剤かカプセルかなど形状が異なるだけでも薬の作用が大きく変わることがある。先発医薬品はたしかに高いけれど長く使用されているだけあって、その安全性や危険性について十分な情報がある。しかし、ジェネリック医薬品にはまだそれがない。病気の適切な治療 4 どころか 逆に体に害を与えるおそれまであるのだ。ジェネリック医薬品に変えるということは、安価という 5a メリット と引き換えに、十分に有効性と安全性が確認されていない薬を使用する 5b リスク を患者が負うことになるのだ。

　「제네릭의약품(후발의약품)」이라는 말을 들은 지도 오랜만이다. 최근에는 텔레비전에도 CM이 방영하게 되었다. 라고는 해도 제네릭의약품은 아직 그만큼 보급하지 않은 것이 실정이다. 그럼, 왜 일본에서는 보급이 늦어지고 있는 것일까? 그 큰 이유 중의 하나는 정보량의 부족일 것이다. 예를 들면 지병으로 10년간 같은 약을 복용하고 있던 환자가 갑자기 의사에게「내용물은 같고, 가격이 반값인 제네릭이 있는데……」라고 추천 받았을 경우, 이 환자는 망설임 없이 제네릭을 고를 것인가? 답은「노」다. 내용물이 같고 가격이 싸다는 것만으로는 이해할 수 없다. 10년간 가까이 한 종래의 약처럼 자신의 몸에 맞는지 확신할 수 없기 때문이다. 사실, 제네릭의약품은 선발의약품과 완전히 같은 복사 상품인가 하면 그렇지는 않다. 같은 것은 주성분뿐이다. 마시는 약을 예로 들면, 정제냐 캡슐이냐 등 형태가 다른 것만으로도 약의 작용이 크게 변할 때가 있다. 선발의약품은 확실히 크지만, 오랫동안 사용되고 있는 만큼 그 안정성이나 위험성에 대해 충분한 정보가 있다. 그러나, 제네릭의약품에는 아직 그것이 없다. 병의 적절한 치료는커녕 오히려 인체에 해를 끼칠 우려까지 있는 것이다. 제네릭의약품의 이상한 점은 싼 가격이라는 이점과 달리, 충분히 유효성과 안전성이 확인되지 않은 약을 사용하는 위험을 환자가 감수하게 되는 것이다.

1 A「最近はテレビでも（ジェネリック医薬品の）ＣＭが流れるようになった」 B「ジェネリック医薬品はまだそれほど普及はしてない」: A와 B는 대립의 관계
　⇒「A。とはいってもB A.라고는 해도 B」

2「ジェネリックを選ぶだろうか。答えは『ノー』だ」: 제네릭의약품을 고를 수 없다. 싼 것 만으로는 안심할 수 없으므로.
　◆「とうてい～ない」＝「～するのは無理だ／～できない ～하는 것은 무리다／～할 수 없다」
　🖊「私の実力では、一流大学には**とうてい**入れ**ない**」

3　◆「～かというと、そうではない」＝「～ではない ～은 아니다」
　🖊「好きなものなら、いくらでも食べられる**かというと、そうではない**。食べられる量には限度がある」

4 A「病気の適切な治療」 B「逆に体に害を与える」: AとBは全く反対のことを言っている
　◆「Aどころか、B」＝「Aではなく、全く反対に、B A가 아닌, 전혀 반대의 B」
　🖊「天気予報では晴れると言っていたのに、晴れる**どころか**、大雨になってしまった」

＊「どころか」의 다른 용법 : 「~はもちろん ~은 물론」
㉠「忙しくて、旅行するどころか、家でテレビを見るひまさえない」

5 「安価」 ＝ 「メリット(장점, 이점)」
「安全性が確認されていない薬を使用する」 ＝ 「リスク(위험)」
◆「Aと引き換えにB」＝「A(B)를 얻고, B(A)를 잃다 A(B)를 얻고, B(A)를 잃다」
📝「誘拐犯人は身代金と引き換えに子どもを返した」「犯人は子どもと引き換えに身代金を奪った」

제8회

정답　1 4　　2 1　　3 4　　4 3　　5 2

[해설]
[문장의 뜻]

　紅葉が見られるところは日本だけではないが、日本の紅葉は 1 とりわけ 美しいと言われている。この美しい紅葉には気候、風土が大きく影響している。
　木の葉が鮮やかに発色する条件とは何だろうか。まず、赤や黄色の色素となる成分を活発に作るための強い日光が必要である。そして夜間には気温が下がり、樹木が活動を休むことによって、作られた成分が 2 消耗されないことで 紅葉が鮮やかなものになる。また、葉が乾燥しすぎると紅葉する前に枯れてしまうこともあるので、適度な雨も欠かせない。したがって、紅葉には日当たり、 3 気温 、水分という３つの要素が重要だということになる。山や渓谷に紅葉の名所が多いのは、この３つの条件が揃っているからである。
　紅葉する落葉樹が群生している地域は、世界でも東アジア沿岸部と北アメリカ大陸東部、およびヨーロッパの一部 4 に限られる 。日本は国土の７割に及ぶ森林に多種の落葉樹が生えており、温度差のある気候などの好条件も 5 幸いして 、他の国々よりいっそう紅葉の美しさが際立つのだろう。

　단풍을 볼 수 있는 곳은 일본뿐만은 아니지만, 일본의 단풍은 특히 아름답다고 한다. 이런 아름다운 단풍에는 기후, 풍토가 크게 영향을 미친다.
　나뭇잎이 선명하게 빛깔을 내는 조건은 무엇일까? 우선, 빨간색이나 노란색의 색의 재료가 되는 성분을 활발하게 만들기 위한 강한 햇빛이 필요하다. 그리고 야간에는 기온이 내려가고, 수목이 활동을 쉬는 것에 의해 만들어진 성분이 소모되지 않기 때문에 단풍이 선명해진다. 또, 잎이 너무 건조하면 단풍이 되기 전에 말라버리는 일도 있기 때문에 적당한 비도 빠질 수 없다. 따라서 단풍에는 볕, 기온, 수분이라는 세 가지 요소가 중요하다는 것이다. 산이나 계곡에 단풍 명소가 많은 것은 이 세 가지 요소가 갖추어져 있기 때문이다.
　단풍 드는 낙엽수가 군생하고 있는 지역은 세계에서도 동아시아 연안부와 북아메리카 대륙 동부 및 유럽 일부로 한정된다. 일본은 국토의 7 할에 이르는 삼림에 여러 종류의 낙엽수가 자라고 있으며, 온도 차가 있는 기후 등의 좋은 조건도 더해져서 다른 나라들에 비해 더욱 단풍의 아름다움이 두드러지는 것일 것이다.

💡

1 「紅葉が見られるところは日本だけではないが、日本の紅葉は**とりわけ**美しい……」 ＝ 「紅葉は他の国にもある。しかし、日本の紅葉は<u>その中でも特に</u>美しい……」
◆「とりわけ」＝「中でも特に ユ 중에서 특히」
📝「私は果物、**とりわけ**オレンジ類が好きだ」

2 「夜間には気温が下がり、樹木が活動を休むことによって」: 밤에 추우면 잎은 활동하지 않는다 ⇒ 낮에 만들어진 색소 성분이 쓰이지 않고 그대로 남아있으므로, 잎의 색이 선명하고 예뻐진다. 「消耗されないことで」 ＝ 「消耗されないで残るから」

3 세 개의 조건 : 1「強い日光が必要である」＝「日当たり」　2「夜間には気温が下がり……」＝「気温」

3「適度な雨も欠かせない」＝「水分」 ⇒ **3**에는 두 개의 조건이 들어간다
- ◆「～が欠かせない」＝「～が必要だ ～이 필요하다」 例「生物には水が欠かせない」

4「紅葉する……地域は……、ヨーロッパの一部に限られる」:「一部」⇒「(단풍을 볼 수 있는 장소가)많지 않다」
「많지 않다」＝「限られる 한정된다」
- ◆「～は～に限られる／限られている」＝「～는～뿐이다 ～은 ～뿐이다」
- 📎「駐車ができるのは、ここから100メートルの範囲内に限られている」

5「日本は……温度差のある気候などの好条件も幸いして、他の国々よりいっそう紅葉の美しさが際立つ」
:「日本は気候などの良い条件のおかげで美しい紅葉が見られる」＝「良い条件が幸いして美しい紅葉が見られる」
- ◆「～が(も)幸いして」＝「～のおかげで ～덕분에」
- 📎「昨日の遠足は快晴の天気も幸いして、実に楽しかった」

제9회

정답　**1** 3　　**2** 2　　**3** 1　　**4** 3　　**5** 4

[해설]

문장의 뜻

　グローバル化が進むとともに、世界各国に駐在する日本人の研究者やビジネスマンも増していて、世界で日本人のいない国はないと言われるほどだ。それゆえ、通信業界でもさぞたくさんの日本人特派員が各国に派遣されているかと **1 思いきや**、そうではないのが実情である。新聞で何かと取り上げられることの多い中東地域においてさえ、**2 日本の通信社の支局は多くはない**。

　このように支局の数、特派員の数が多くはない通信社は、どのようにして情報を入手しているのだろうか。イギリスやアメリカの大通信社は、世界中に張りめぐらせた通信網によって各国から情報を集めているが、この情報収集には膨大な資金を必要とする。**3 したがって**、資金面で苦しむ国々の通信社は自力で情報収集を行わずに大通信社から情報の配信を受けることが多くなる。これは一見合理的に思えるシステムだが、問題が **4 ないわけではない**。A国の通信社が取材して得た情報は、あくまでA国の視点で取材されたものであり、その国のその時点での情勢が絡んだ情報である可能性もある。つまり、私たちが得ている情報は、グローバルな情報網から得たものであればこそ、量的には不足はないかもしれないが、質的に見ると、**5 内容に偏りもありうる** ということである。

　글로벌화가 발달함과 동시에 세계 각국에 주재하는 일본인 연구자나 비즈니스맨도 늘고 있어서, 세계에서 일본인이 없는 나라는 없다고 할 정도이다. 그러므로, 통신 업계에서도 더욱 많은 일본인 특파원이 각국에 파견되어 있을 거라고 생각했는데 그렇지도 않은 것이 실정이다. 신문에서 뭐라고 많이 다루어지는 중동지역에서조차도 일본 통신사 지국은 많지 않다.
　이처럼 지국의 수, 특파원의 수가 많지 않은 통신사는 어떤 식으로 정보를 입수하고 있는 것일까? 영국이나 미국의 큰 통신사는 전세계를 도는 통신망에 의해 각국에서 정보를 모으고 있지만, 이 정보 수집에는 방대한 자금을 필요로 한다. 따라서, 자금난에 시달리는 각국의 통신사는 자력으로 정보 수집을 행하지 않고 큰 통신사에서 취재한 정보를 받는 일이 많아진다. 이것은 언뜻 보기에 합리적이라고 생각할 수 있는 시스템이지만, 문제가 없는 것은 아니다. A국의 통신사가 취재해서 얻은 정보는 언제까지나 A국의 시점에서 취재된 것으로, 그 나라의 그 시점에서의 정세가 얽힌 정보일 가능성도 있다. 즉, 우리들이 얻고 있는 정보는 글로벌한 정보망에서 얻은 것이야말로 양적으로는 부족하지 않을지 몰라도, 질적으로 보면 내용이 한쪽으로 치우칠 가능성도 있다고 할 수 있다.

1 「さぞたくさんの特派員が……かと**思いきや、そうではない**」＝「きっとたくさんの特派員が……と思ったが、しかしそうではない」
  ◆「～(か)と思いきや」＝「～と思ったが、そうではなく ～라고 생각했지만, 그렇지 않고」
  📝「高原の夜は冷える**かと思いきや**、風もなくて暖かった」

2 「このように支局の数、特派員の数が多くはない通信社は……」
  ⇒ 일본 통신사의 지국은 많지 않다.

3 A「この情報収集には膨大な資金を必要とする」B「資金面で苦しむ国々の通信社は自力で情報収集を行わずに」：A문과 B문의 관계는 ＜A。だから、B A．그러므로 B＞
  ◆「したがって」＝「それだから／その結果 그래서／그 결과」
  📝「この夏は非常に暑い。**したがって**農作物の収穫量が減るのではないかと心配される」

4 「A国の通信社が……」이 문장의 뒤는「私たち日本人が得ている情報には**問題もある**」라고 말하고 있다.
  ◆「ないわけではない」＝「ないとは言えない／少しある 없다고는 말할 수 없다/조금 있다」
  📝「この問題の解決は非常に難しいが、みんなが協力すれば、希望が**ないわけではない**」

5 「その国のその時点での情勢が絡んだ情報である可能性もある」＝「客観的な情報ではなく、主観的な情報かもしれない」
  ◆「量的には不足はないかもしれないが、」＝「量は問題がないかもしれないが、」「量は足りているかもしれないが、」
    이 뒤에는「質がよくない 질이 좋지 않다」라는 의미의 문장이 어울린다.
  ◆「～もありうる」＝「～もあるかもしれない ～도 있을지 모른다」
    이 부분에는「～可能性もある」「～かもしれない」라는 단정하지 않는 추측의 표현이 쓰이고 있다. 따라서 공백에도 추측의 표현이 어울린다.

제 10 회

정답 1 2   2 3   3 1   4 2   5 3

해설

문장의 뜻

　　インターネットによる DVD や CD の宅配レンタルサービスが急成長している。ネット上で借りたい作品を予約すると、それが自宅に配達されるというシステムだ。インターネットが広く普及した現代 1 **ならでは** のサービスである。これにはいくつかのプランがあり、毎月支払う金額によって、借りられる DVD や CD の枚数が決まる。見終わったら郵便ポストに返却すればよいので、楽でもあるし、延滞料金の発生を防ぐこともできる。このサービスを利用する会員は 30 代以上の人が 7 割を占めるという。 2 **なんといっても** 「自宅に届く」のが魅力で、会員は仕事や育児で忙しくて店舗に 3 **行こうにも行けない** という人が中心となっている。このサービスのおかげで、テレビの前に家族が集まる時間が増したという家庭も少なくないことは、想像に 4 **かたくない** 。
　　このサービスを提供している T 社は、顧客の要望に的確に対応することが宅配レンタル事業の成長につながると考え、その仕組みを作り上げた。仕組みの柱となるのは顧客である会員へのサービスの拡充である。メールなどで寄せられる会員の要望や苦情をカテゴリー別に分類し、それを担当部門の会議で検討する。退会する会員にはその理由を聞き、部内にフィードバックしている。 5 **何より会員の声を基本にして** 顧客の満足を売り上げ増につなげる新サービスを開発しているのだ。

인터넷에 의한 DVD 나 CD 의 택배 렌탈 서비스가 급성장하고 있다. 넷 상에서 빌리고 싶은 작품을 예약하면, 그것이 자택으로 배달되는 시스템이다. 인터넷이 널리 보급된 현대에서만 할 수 있는 서비스이다. 이것에는 몇 개의 플랜이 있고, 매월 지불하는 금액에 의해 빌릴 수 있는 DVD 나 CD 의 매수가 정해진다. 다 보면 우체통에 반납하면 되기 때문에 편리하기도 하고, 연체 요금의 발생을 막을 수도 있다. 이 서비스를 이용하는 회원은 30 대 이상이 70% 를 차지한다고 한다. 뭐니뭐니해도「집으로 도착한다」는 것이 매력적이며, 회원은 일이나 육아로 바빠서 점포에 갈 수 없는 사람이 중심이 되어 있다. 이 서비스 덕분에, 텔레비전 앞에 가족이 모이는 시간이 늘었다는 가정도 적지 않다는 것은 상상하기 어렵지 않다.

이 서비스를 제공하고 있는 T 사는 고객의 요청에 정확하게 대응하는 것이 택배 렌탈 사업의 성장과 이어진다고 생각하고, 그 구상을 만들어냈다. 구상의 기둥이 되는 것은 고객인 회원에 대한 서비스의 확충이다. 메일 등으로 모인 회원의 요구 사항이나 불만을 카테고리 별로 분류하고, 그것을 담당 부문의 회의에서 검토한다. 탈퇴하는 회원에게는 그 이유를 묻고, 부서 내에서 피드백하고 있다. 무엇보다 회원의 목소리를 기본으로 하여 고객 만족을 매상 증가로 연결하는 새로운 서비스를 개발하고 있는 것이다.

1「インターネットが広く普及した現代**ならでは**のサービスである」＝「インターネットが広く普及した現代だからできるサービスである」

　◆「〜ならでは」＝「〜だからできる／〜でなければできない 〜라서 할 수 있다 / 〜가 아니면 할 수 없다」

　📝「その土地**ならでは**の食べ物を味わうのが旅行の楽しみの一つです」

2「自宅に届くのが魅力で」：返却方法などいくつかの長所があるが、「宅配」だから、CDが家に届くのが<u>一番大きい魅力だ</u>。

　◆「なんといっても」＝「中でも特に／中でも一番　그 중에서 특히 / 그 중에서도 제일」

　📝「スポーツでは、**なんといっても**サッカーが一番人気がある」

3「仕事や育児で忙しくて店舗に<u>行こうにも行けない</u>」＝「忙しくて店に行く時間がないので、店に<u>行けない</u>」

　◆「의지형＋にも〜ない」＝「〜したくてもできない」

　📝「頭が痛くて、起き**ようにも**起きられ**ない**」

4　◆「想像にかたくない」＝「想像することが難しくない／想像できる　상상하는 것이 어렵지 않다 / 상상할 수 있다」

　📝「博士がノーベル賞を受賞するまでの道はいかに大変だったか、**想像にかたくない**」

5「会員の要望や苦情をカテゴリー別に分類し」「退会する会員にはその理由を聞き」

　：회사는 회원의 이견이 중요하다고 생각하고 있다

MEMO

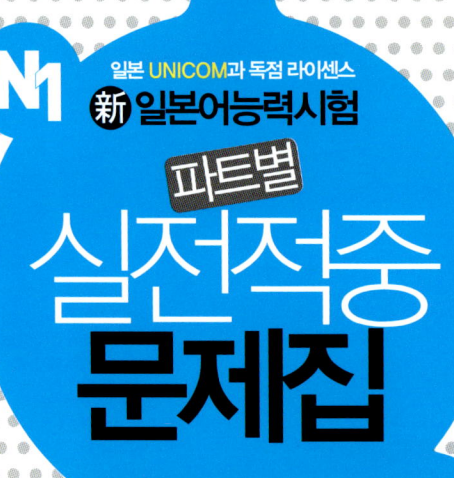

일본 UNICOM과 독점 라이센스
新 일본어능력시험
파트별
실전적중
문제집

문법

문제집 + 해설집 포함 값 13,000원

ISBN 978-89-8300-842-8
ISBN 978-89-8300-841-1 (세트)